# 如果国宝会说话

## 第二季

《如果国宝会说话》节目组 编著

五洲传播出版社

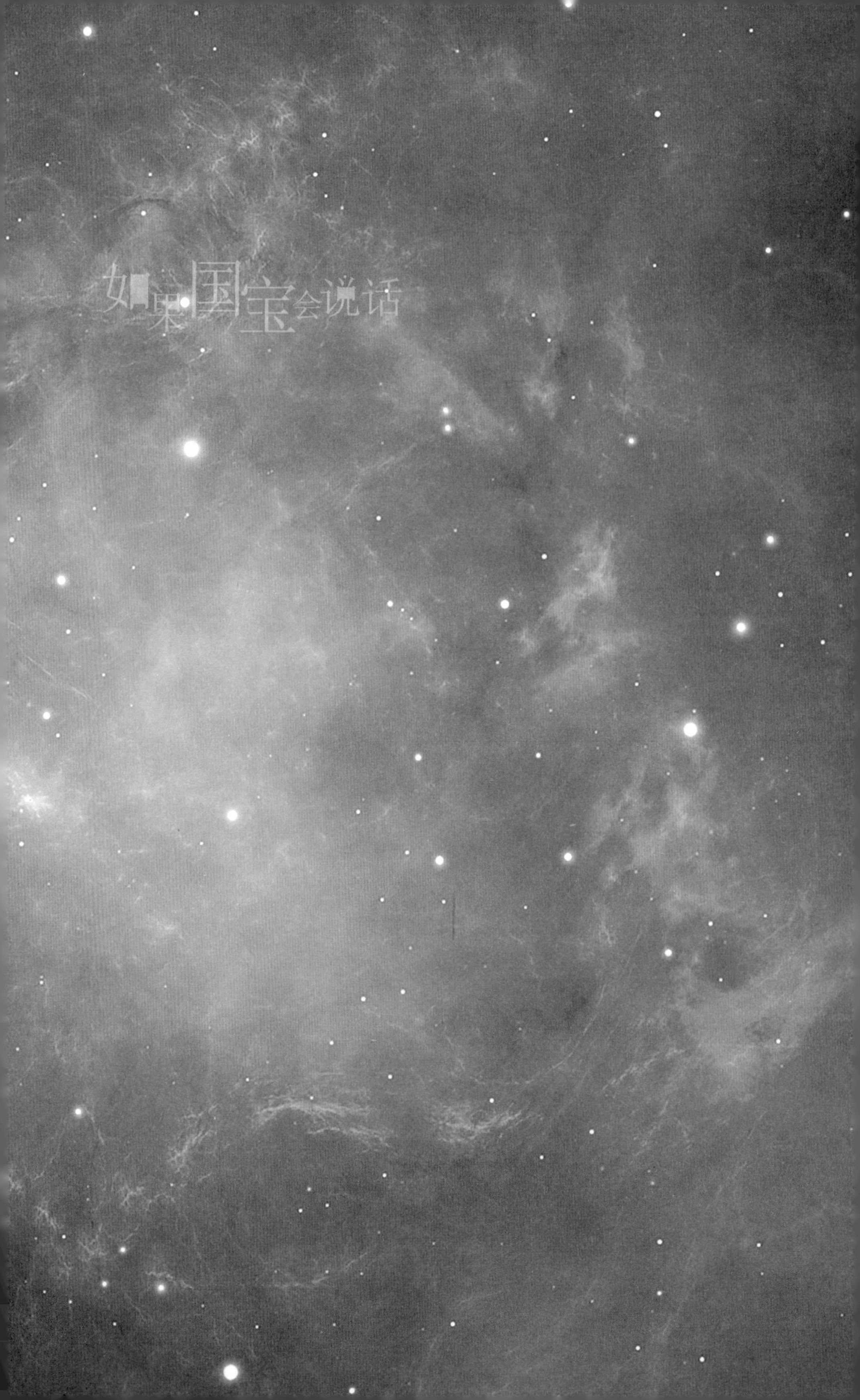
如果国宝会说话

# 序一

巍巍华夏，泱泱九州。中华民族 5000 多年的恢弘历史创造了博大精深的中华文明，留下了灿若繁星的文物瑰宝。中国国家主席习近平强调，"让收藏在博物馆里的文物、陈列在广阔大地上的遗产、书写在古籍里的文字都活起来，让中华文明同世界各国人民创造的丰富多彩的文明一道，为人类提供正确的精神指引和强大的精神动力"。中国国家文物局始终致力于中国文化遗产保护的生动实践，为延续中华文脉、传承中华文明，不断加大文物保护力度、保障文化遗产安全、推进文物合理利用、深化文物对外交流合作。全国 76.7 万处不可移动文物、1.08 亿件 / 套国有馆藏文物，历久弥新、隽永多姿，成为新时代中国闪耀世界的金色名片。

纪录片《如果国宝会说话》由中央宣传部指导，中央广播电视总台、中国国家文物局共同打造，用精巧的节目构思、精美的电视语言、精炼的讲述手法为全球亿万观众展现中华文物的魅力。这些文物精品，有的历尽沧桑，见证中华文化薪火相传、代代守护的高贵品格；有的跋山涉水，记录中华文明亲仁善邻、交流互鉴的高远境界；有的底蕴深厚，积淀中国人民崇德尚善、自强不息的高尚情怀。过去，他们或曾束之高阁、尘封千年；如今，他们走进千家万户、涵养社会大众。中国古语有云，"周虽旧邦，其命维新"。

今天，我们把《如果国宝会说话》的同名图书奉献给全世界热爱文化、珍视文物、传承文明的朋友。愿中国文化与各国文化交相辉映，愿古老文明与现代文明相得益彰，愿华夏文物瑰宝与人类文明结晶永续传承。期待并欢迎大家来到中国的文博单位，亲眼见证中华文物的绚烂多彩，亲身感受中华文明的源远流长！

顾玉才

中国国家文物局党组副书记、副局长

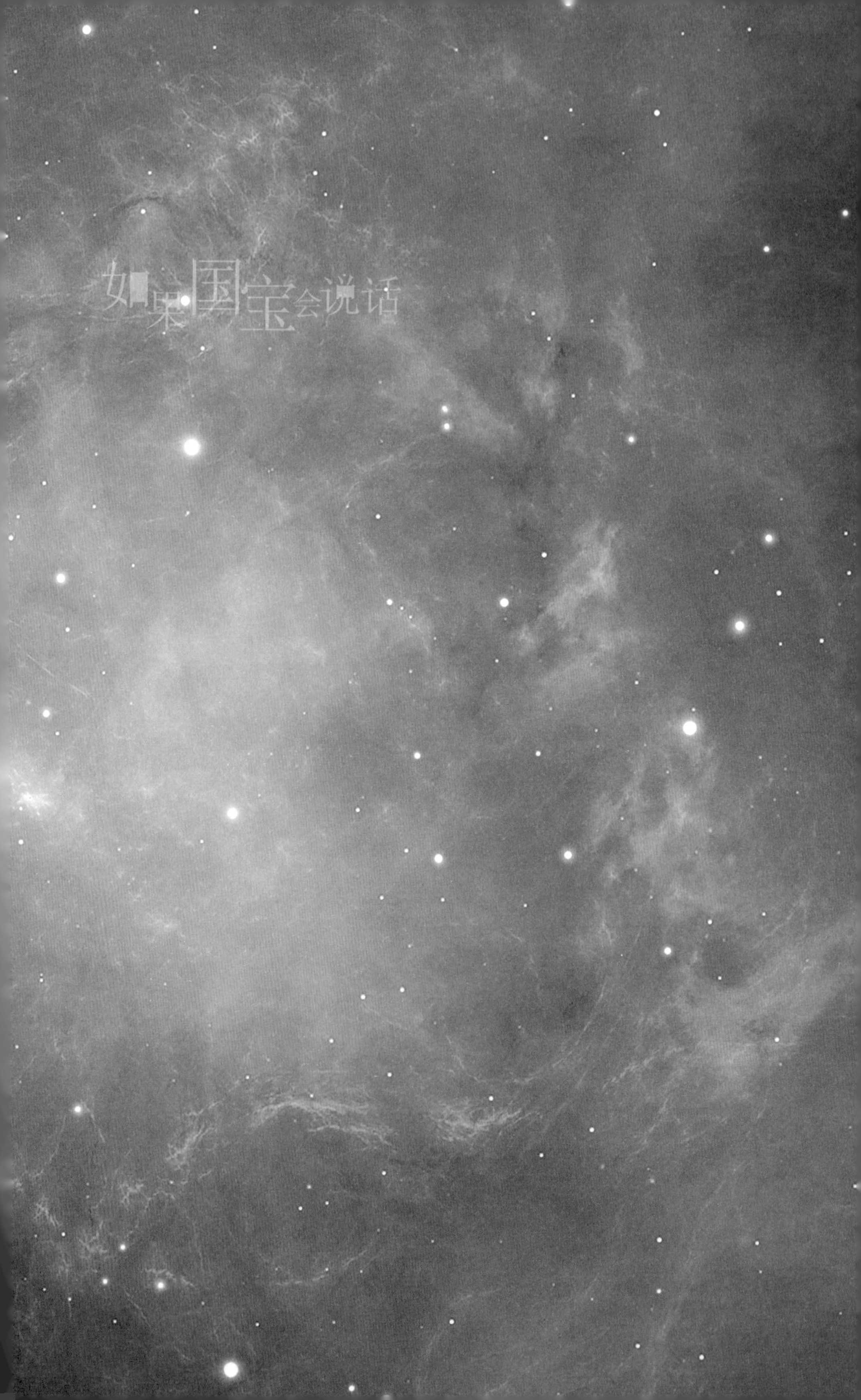
如果国宝会说话

# 序 二

中央广播电视总台央视纪录频道，是中国唯一国家级专业纪录片平台。近年来，纪录频道以"创新突破的表达、媒体融合的手段、国际顶级的影像"诠释与传播中华文明为宗旨，推出了一系列呈现中华文明风貌的高品质纪录片。

中国存世的文物，举世数一数二。文物虽静默不语，却蕴含着丰富的信息。如何从电视艺术、视觉呈现、信息组织与再传播的角度，找到最适于文物本体，以及当下传播特点的形式，让文物"说话"，是我们一直以来思考的问题。《如果国宝会说话》正是在这一领域的重要实践和探索。

《如果国宝会说话》是由中宣部、中央广播电视总台、国家文物局共同实施的国家涵养工程百集纪录片。该片选取在中华文明进程中具有标志性作用的 100 件文物，以每件主文物一集、每集 5 分钟的短小篇幅，集合起 500 分钟的鸿篇巨制，从"文明进程指示物"的角度，重新解读文物，以文物认识中华文明，从而起到"中华文明视频索引"的作用。这不仅是全新的纪录片形式，更是在全新传播语境和手段上的创造性尝试。

如果说纪录片是从文物本体到影像的第一次转化，那么《如果国宝会说话》同名图书，则是第二次转化。这本书将带领读者实现上下八千年、纵横两万里的文物纵览，能对基于文物的中华文明建立印象，同时又能深入了解某件具体文物的信息。在这里，大历史与小文物有机融合，文物不再是孤立于博物馆展柜的"物品"，而是从历史中走来的带有气息的文明信使，从而更好地进入历史情境，体认中华文明。

这本书的出版是"中华文明视频索引"的阶段性回顾。我们希望能与观众和读者们一起，共同感受古老文明带给我们的震撼与感动，探索索引之外更浩瀚丰富的中华文明的广阔时空，从而对于我们身处的历史时空有更明晰的认知和方向。

张宁

中央广播电视总台

# 目录

# 鹰顶金冠饰

## 你好，我的对手

## 鹰顶金冠饰

馆藏：内蒙古博物院

质地：黄金

尺寸：高 6.7 厘米 直径 16.5~16.8 厘米

重量：1211.7 克

年代：战国

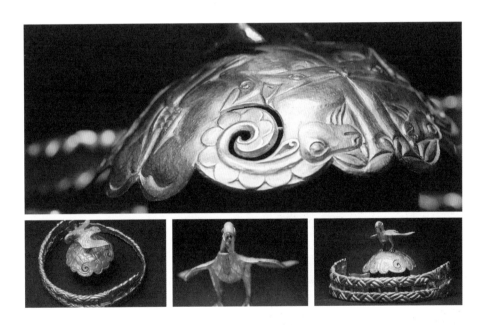

　　这顶金冠曾陪伴主人策马草原。鹰顶金冠饰展现了战国时期中国北方民族贵金属工艺的最高水平，它代表着草原的荣光。

金冠最高处是一只雄鹰，鹰的头、颈、尾由金丝连接，当主人策马飞驰，雄鹰也随之震动，仿佛展翅欲飞。花瓣形金冠上錾刻着四狼咬四羊的图案，冠带则雕刻着老虎与猎物的紧张对峙，猎杀仿佛一触即发。

那时，草原上没有文字，历史便由他们的对手书写。在中原文明的记录中，匈奴曾被称为"猃狁"，"猃"即长嘴狗的意思。他们贪婪残暴，经常南下掠夺。然而，如果从草原之王的视角来看，世界很可能与中原的记录不大相同。

"我头戴金冠，身披金甲，草原就是我的帝国。"

"草原以南那群种粮食的人，看上去好瘦。"

"我们草原的男人，吃肉，喝奶，都是战士，但如果遭遇灾年……欸，他们好像存了不少吃的！"

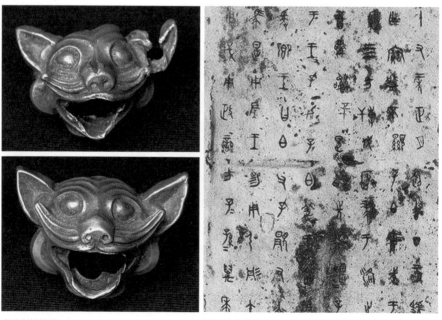

虎头形银饰件　　　　　　　　虢季子白盘铭文

游牧的草原相对于农耕的中原，有着完全不同的生存意识。草原民族的饰物上，动物是永恒的主题。它们在匍匐觅食，在互相咬斗，在伺机而动。而鹰顶金冠饰更是以草原之王的威严，俯视着世间一切弱肉强食。

刺猬形金饰件

虎形金饰片

虎咬牛金饰牌

鹰形金饰件

有一个强大而蛮横的对手，究竟是幸还是不幸？战国赵武灵王终于下决心放弃宽袍大袖，学习胡服骑射，一场场模仿者与被模仿者的对决由此开始。一直处于守势的农耕文明，到秦汉终于建立起统一的帝国，也由此以举国之力祭出终极防守大法——长城，它不仅是守卫边疆的堡垒，当西汉国力强盛的时候，这里又成为反击匈奴的前哨。

但连绵的长城真的能阻断人们的交往吗？游牧民族喜爱中原的丝绸和粮食，而中原的人们需要金属和牲畜。长城两侧，且战且和。直到东汉，南匈奴入塞，多年的对手终合为一家。

今天，当我们看着鹰顶金冠饰，是否能想起当年那些风一般来去的影子？正是从战国时代开始，在与一个又一个内外对手的对峙和融合中，在经历一次又一次蜕变之后，中华文明强大的包容力逐渐被唤醒。

因为对手，我们审视自己；因为对手，我们了解自己；因为对手，我们变成更强大的自己。你好，我的对手。

## 王权的象征

鹰顶金冠饰分为鹰形冠顶和金冠带两部分。冠顶是由厚金片锤打而成的半球体，边缘呈花瓣状。半球体上以浮雕手法饰有四组狼吃羊的图案。狼作卧伏状，四肢屈曲前伸，分布于半球体的左右两侧；盘角羊的羊角后卷，卷曲处镂空，前肢前伸，后半身被狼紧紧咬住，呈反转姿态，后肢朝上，搭在狼的颈部，分布于半球体的前后。

冠顶中央傲立一只展翅雄鹰。鹰的头颈用绿松石做成，中间用一圈带花边的金片隔开。鹰身由金片做成，中空，上有羽毛状纹饰。鹰鼻处插入金丝，通过颈部与腹下相连，使得头、颈可以左右摇动。尾部另做，用金丝与鹰体连接，可左右摆动。整个冠顶构成了雄鹰鸟瞰狼咬羊的画面，彰显草原之王的霸气。

冠带由三条半圆形金带组合而成。冠带前部有上下两条，中间及末端均用榫卯相连。后面一条两端有榫，与前面一条组合成圆形。三条金带末端分别浮雕卧虎、卧羊、卧马，中间部分为绳索纹。

这件金冠饰出土于鄂尔多斯高原上的内蒙古自治区杭锦旗阿鲁柴登墓葬，墓中还同时发现了200多件金银器。以这批金银器的数量和精美程度来看，墓主绝不是普通牧民，应属于匈奴贵族阶层。而鹰顶金冠饰不仅代表着财富，更是权力的象征，很可

能是匈奴某一个部落单于的冠饰。阿鲁柴登地处毛乌素沙漠边缘，虽然如今是茫茫沙海，但战国时期这里应是水草丰美的天然牧场，是匈奴活动的"河南地"。学者推测，这顶金冠的拥有者可能属于战国时期活动于此地的林胡王或白羊王其中的一支。

鹰顶金冠饰上多样的动物形象,生动的捕食场景,被广泛认为是对草原生活的真实反映。但有学者认为,它也表现了匈奴部落的联盟状况。鹰、羊、狼、虎等是不同部落的图腾,金冠突出鹰的造型,表示匈奴形成了以鹰部落为主体,一统虎、狼、马、羊部落的部落联盟。

## 艺术的瑰宝

鹰顶金冠饰的纹样将草原上的动物形象刻画得生动逼真,既富有写实性又各具特点。这种艺术风格与北方青铜文化关联密切,呈现出与中原青铜器完全不同的面貌,展现了"鄂尔多斯式青铜器"装饰艺术的独特魅力。

"鄂尔多斯式青铜器",又称"绥远式青铜器""北方式青铜器",指发现于我国北方,具有浓郁游牧民族文化特征的青铜器及金、银制品。其特点是装饰以动物造型为主,风格兼具写实性与夸张性,每个动物的特征,尤其是精神状态都表现得很鲜明。金冠顶部的雄鹰躯体写实,唯独喙部用夸张的手法突出其尖利,以表现猛禽的凶猛。其他动物各部位的比例夸张,而细节刻画十分细腻,如羊盘曲的巨角、虎狰狞的面孔。纹饰整体生动形象,是"鄂尔多斯式青铜器"艺术风格的杰出代表。

战国晚期匈奴族的手工业生产,除了青铜制作和铁器制造业外,金银器工艺也相当发达。鹰顶金冠饰用奢华的黄金制作,工艺集铸造、模压、锤打、錾刻、抽丝等先进技术于一身,应该是利用阿尔泰地区的金属冶炼技术加工而成的。"阿尔泰"在蒙语中是"金山"的意思,该地区盛产黄金,金属加工、冶炼技术特别发达。鹰顶金冠饰构思巧妙,纹饰精美,工艺精湛,带有鲜明的游牧民族特色。体现了匈奴人贵金属工艺水平之娴熟高超,代表了战国时期我国北方金银器制作工艺的最高水平。

## 多元文化交流的见证

这顶金冠的纹饰与阿尔泰地区的斯基泰文化风格比较接近。斯基泰人是出色的骑手和战士，公元前9世纪至公元前2世纪活跃在欧亚草原上。斯基泰人同样热爱金器，他们用这种珍贵的原料来刻画草原上的动物，并点缀绿松石、彩色玻璃等。这些草原动物姿势富于动感，并将它们最雄壮有力的部分夸张、放大，比如雄鹿的角，虎狼的爪和牙齿，这种纹饰被称为"野兽纹"。鹰顶金冠上的动物纹饰造型和镶嵌绿松石的装饰风格，均与斯基泰文化出土的器物相似，可见其受到斯基泰文化的影响。

鹰顶金冠饰也是匈奴与中原文化交流的见证。草原民族认为雄鹰是蓝天的霸主，是战神的象征。王国维在《胡服考》中论述："胡服之冠，汉世谓之武弁……若插貂蝉及鹖尾，则出胡俗也。"《后汉书·舆服志下》也记载："武冠，一曰武弁大冠，诸武官冠之，侍中、中常侍加黄金珰附蝉为文，貂尾为饰，谓之'赵惠文冠'。"可见，在赵武灵王推行"胡服骑射"之后，匈奴首领佩戴的装饰有猛禽的"胡冠"也传入中原。其后汉代武将所戴的鹖冠、赵惠文冠皆是源于草原文化的鸟冠。而这件鹰顶金冠饰是迄今所见的唯一的"胡冠"，其重要性可见一斑。

斯基泰文化 嵌绿松石金项圈

斯基泰文化 马头饰

鹰顶金冠饰不仅象征着中原对匈奴文化的吸纳，也体现了匈奴与中原或西域诸国的交流往来。绿松石并非产自鄂尔多斯高原，其主要产地为中国湖北、陕西、河

斯基泰文化 金鹿饰

南等地及今伊朗，因此鹰的头颈所用的绿松石可能是匈奴通过掠夺、交易等方式从中原或西域获取而来。金冠是匈奴文化的代表，同时也是文明交流的产物。

匈奴与周边地区虽是敌对的关系，但在经济物资上相互依赖，在文化风俗上彼此影响。如今经历千年风雨仍熠熠生辉的鹰顶金冠饰，讲述的既是匈奴与各族争雄的峥嵘岁月，也是各族文化交融互鉴、友好往来的光辉历史。

（王雨夙）

# 战国嵌错宴乐攻战纹铜壶

## 战国春秋

### 嵌错宴乐攻战纹铜壶

馆藏：四川博物院
质地：铜
尺寸：高 40.3 厘米 口径 13.2 厘米
年代：战国

　　春秋战国，一个风起云涌的时代，中国历史上思想飞扬的年代。几百年间，群雄并起，战乱频繁。而这之前的西周，一直处在礼乐高度发达的社会中。

壶身静默，却非无声。壶身可度量，却也无边。这件铜壶用嵌错法记录了战国时代贵族生活中的情境。顶与底有神兽环绕。

静默的壶身上能听见厮杀与吼叫，这里是一个战场。春秋时期的诸侯争霸战，到了战国之后转化为领土吞并战。一场攻城略地的战斗，一方搭云梯向上仰攻，一方在城墙上奋力坚守。守城方搭弓放箭、挥舞兵器，攻城方有人从城墙上摔下，有人已经身首异处。引人注目的是持械格斗的画面：一侧一人手按着敌方的头，一手用力高举兵器欲砍；另一侧已人头落地，尸体横卧。

　　水战时激起的波澜，是这个时代在时光之河里发出的声响。舟行如梭，船上武士各个精神抖擞，奋勇前进。双层战船犬牙般纠缠在一起，上层士兵用长柄兵器相互击杀，下层水手奋力划桨，有的士兵跳船作战，船尾还有人击鼓以壮声威。

　　宛如时光的速度，一念之间，就到了厅堂。战争之后，胜利者举办庆功的宴饮。客人们举杯站立，向坐于厅堂之中的主人敬酒、祝福。周围是敲钟磬与吹奏的乐队，钟鸣鼎食，礼乐之邦。

　　战争时，弓箭是杀伤敌人的武器，和平时，则是社交生活的用具。早在周代，射箭便是贵族必须掌握的基础教育"六艺"之一，

"射礼"则是重要的社交礼仪。射箭者站在亭子里，悬空张开布质的箭靶，宾主按照礼仪要求向箭靶射箭，旁边有专人负责报靶，其他人在亭外围观。有时候他们也会练习射猎天上的飞鸟。大家使用绑了细绳缴的箭射向鸟群，一旦射中，就通过绳子将猎物捕获，这叫"弋射"。弋射有准则，"弋不射宿"，停息的鸟儿不射。

这里有一片桑田。顶层没有了战争的喧嚣，人们安然地进行着习射，妇女们则在桑园里采桑。盛放桑叶的篮子挂在树上，采桑人爬到树顶把桑叶摘下，放到篮子里。中国是丝的故乡，采桑也进入了礼制，演化为后来的亲蚕礼。

此刻，壶中一滴酒也没有，却盛满了一个令人迷醉的时代。征战的厮杀与欢宴的音乐都隐匿不见，桑叶还在无声地生长。两千年的时光，是一片沧海，壶身上的桑田，茂密如初。

## 壶中的礼仪

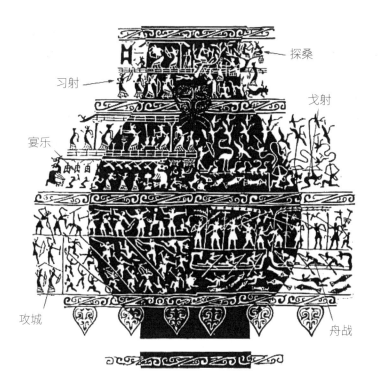

1956 年，在成都市郊百花潭，一所中学在扩建校舍的时候，发现了一批战国时期的土坑墓，其中一件铜壶最为精美，被称为战国嵌错宴乐攻战纹铜壶。该铜壶高 40 厘米，口径 13.4 厘米，铜壶身有三条带纹，分为四层。在铜壶上用错金银的方式描绘了精美的花纹，表现战国时期的战争、宴乐、捕鱼、狩猎等情况，不但是研究战国时期人们生活的重要历史资料，更反映了战国时期的礼乐制度。

养蚕采桑是中国具有悠久历史的行业。自殷商时期，人们已经利用蚕丝来制作精美的衣服，在商代和西周的墓葬也曾出土蚕形的玉器，反映养蚕与人们的生活密

不可分。陕西历史博物馆中所藏的汉代鎏金铜蚕是国家一级文物。铜蚕的体积与真正的蚕无异，全身一共九个腹节，仰头做吐丝状，制作精致，形态生动。这说明早在西汉时期，蚕桑生产就已经非常常见，人们熟悉蚕的生理结构，才能制作出如此逼真的鎏金铜蚕。

在铜壶的最上层，可以看到一群妇女在进行采桑活动，她们身穿长裙，有的手上提着篮子，有的以头顶篮，有的伸手向树采摘桑叶。采桑活动在先秦的画像中时有出现，尤其在四川地区出土的画像石多有桑树和采桑的场面。

由于养蚕业对中国古代甚为重要，因此引申出养蚕采桑之礼仪。采桑既是一般的劳动，也象征着礼仪制度。直至清朝，皇后嫔妃亲自采桑喂蚕的亲蚕礼，仍是后宫重要的祭祀活动。进行亲蚕礼之前，后妃们须提前斋戒，及至采桑当天，后妃们要亲自采摘桑叶，作养蚕之用。

在铜壶上多次出现射箭的场面。在采桑图案的旁边，有男子拉弓射箭的场面。一般采桑图与弓射图的关系十分密切。有学者认为桑树是制作弓箭的材料，所以采桑图反映的是选材制作弓箭的场面。除了最上层的采桑图侧，铜壶的第二层也

有射箭的场景。

据《周礼》记载,古人用射箭祭祀管理婚姻和生育之神——高禖。《礼记·月令》中说"天子亲往,后妃帅九嫔御,乃礼天子所御。带以弓,授以弓矢,于高禖之前",记载了天子带领后妃行弓箭之礼以求生育的过程。此外,《礼记·射义》还记载了当时男子出生之时会举行出生礼,以桑树制弓,以蓬草造箭,射向天空,象征男儿志在四方。

清 郎世宁《孝贤纯皇后亲蚕图》局部

《周礼》有所谓"礼、乐、射、御、书、数"六艺，射礼是其中之一。射礼在最初为考验人们在射箭时的个人品德。战国时期，各国征战频繁，箭术也成为人们特别关注的重点。在铜壶上，人们在亭子之内进行的"乡射"便是其中一例。据《仪礼》所说，在乡射这项活动中，射箭之人分上下两射，上射于右，下射于左，靶心称为"鹄"。

在铜壶第二层除了射箭，还有宴饮的画面。周代至战国，宴乐也有一定的规定。

周代的人们相信音乐可以陶冶性情，达至社会和谐。《礼记·文王世子》记载："乐，所以修内也；礼，所以修外也。"自此，礼和乐的关系就密不可分。

编钟制度是礼乐制度很重要的一环。从铜壶上可以看到这里的编钟并不符合礼乐规格。《礼记》规定，天子、诸侯、卿、大夫、士等所使用的编钟和编磬都有定数。卿、大夫应当在正堂的两面摆放乐器，东面摆放磬，西面摆放钟。然而，从战国嵌错宴乐攻战纹铜壶上的图案可见，钟和磬是混合放置的，并没有按制度排列；可能是反映战国时代礼乐崩坏，贵族遵守周礼只表现在表面而已。

看过了采桑、礼射和宴饮，铜壶的第三层刻画的是战士奋力作战的场面。战国时期战阵频繁，国与国之间的攻占常有出现。虽是两军对敌交战，但双方仍会守一

定的礼仪，先礼后兵。这个铜壶所刻画的画面同时也是军礼之体现。当时双方高举武器，士气高昂。在图上双方士兵进行水战，士兵高举旗帜，敲着战鼓，以振奋之声鼓励军心。战国时期的军旗又名为"旆"，"旆"上的纹饰可以辨别爵位等级。鼓声也有一定礼制，古有"王执路鼓，诸侯执贲鼓，军将执晋鼓"的说法，不同身份地位的人可以执掌的鼓也不同，即便是战事危急，礼仪制度仍是人们相当重视的一环。

《礼记·曲礼》又称"道德仁义，非礼不成，教训正俗，非礼不备"。在这件铜壶上，我们不仅可以看到战国时期人们生活的方方面面，更加可以了解到"礼"在战国时期多么重要。从古至今，中国守"礼"，以礼为教，以礼为道德仁义之根本。

（连泳欣）

# 曾侯乙编钟

中国之声

## 曾侯乙编钟

馆藏：湖北省博物馆

质地：木、青铜

尺寸：长 748 厘米、高 265 厘米

年代：战国

这是一段录制于 1986 年的音频，演奏乐器来自公元前 4 世纪。

1986 年曾侯乙编钟音响记录

采录单位：湖北省博物馆、中国唱片总公司

采录时间：1986 年 3 月 29 日凌晨两点至 4 月 6 日晨 6 时整

室内温度 18 摄氏度，再录国产音叉，A 等于 440 赫兹。

上层第一组，该组共有钮钟 6 件。

曾侯乙编钟是一种乐器，每件钟均能奏出呈三度音阶的双音。全套编钟共 65 件（含正中央的镈钟），分三层八组。全套钟的最低音为下层一组第一钟正鼓音，全套钟的最高音为上层一组第一钟侧鼓音，全部甬钟音域共跨五个八度。

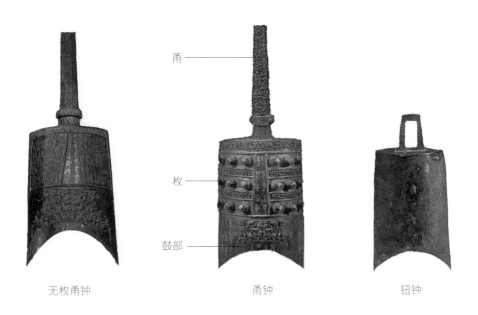

甬

枚

鼓部

无枚甬钟　　　　　　甬钟　　　　　　钮钟

中层第二组，该组共有无枚甬钟 12 件。

除楚王所送的镈钟以外，64 件曾侯乙编钟每件均标识有两个不同的音名。

1986 年 4 月 6 日，晨 6 时整，全部采录工作结束。

　　曾侯乙墓发掘于 1978 年，墓主人名"乙"，是战国时代曾国国君。曾国也就是史书上所记载的"随国"，在今天的湖北省随州市范围内。

集大成也者，金声而玉振之也。——《孟子》

礼以节人，乐以发和。——《太史公自序》

兴于诗，立于礼，成于乐。——《论语》

八音克谐，无相夺伦，神人以和。——《尚书》

资料

资料

1978—2018，曾侯乙编钟发掘40周年，向考古工作者致敬。

## 中国之声

音乐是凭借声波振动而存在的，它不可能描写生活中的具体事物和场景，而是通过时间展开，以直接激发和呼唤我们的情绪、情感和意志的一门声音艺术。

中国音乐有物证可查的历史至少可以追溯到距今约 9000 年。20 世纪 80 年代在河南舞阳县贾湖遗址出土了 18 支用猛禽骨骼制成的笛子，它们被认定是我们华夏祖先 9000 年前的造物。

迄今已知最早的乐器组合发现于山西陶寺文化遗址（公元前 2500~ 前 1900 年），3002 号墓出土有鼍鼓（用扬子鳄皮蒙制的鼓）、

贾湖骨笛

土鼓

全套曾侯乙编钟

石磬、土鼓三件乐器的组合。

音乐及其表现方式也是伴随着社会发展而逐步走向成熟的。进入奴隶社会阶段，奴隶主阶级所掌握的音乐成为"礼"（等级制度）的一部分，统治者极力强调音乐的道德教化功能，周朝建立之初就确立了严格的礼乐等级制度，音乐教育制度也是始于周代。

公元前21世纪前后的青铜时代，我们的祖先创造了一大批青铜乐器：铙、钲、钟、铎等，其中尤以钟最具音乐特性，在我国音乐史上占有重要地位。周代以制成乐器的材质为标准，将乐器分为八类，即金、石、丝、竹、匏、土、革、木，合称"八音"，编钟属金，居首位，是乐队中的主奏乐器。早期三件一组的编铙，逐步发展至战国时代排列悬挂于两三米高、六七米长钟架上的大型编钟，编钟盛行于秦汉之前，它所带有的宗教礼仪色彩和王权显威作用重于其音乐功能。

　　1978年在湖北省随县发掘的曾侯乙墓是一座2400年前的诸侯墓葬，共出土礼器、乐器、漆器、兵器、竹简等15000余件。因发掘前未有扰动而多保持下葬时的布局，墓中以编钟和编磬为主的随葬礼乐器真实地反映出墓主人周代诸侯的身份和享用器物的仪式制度。

　　墓葬同时出土了编钟、编磬、鼓、琴、瑟、笙、篪、排箫八种共计125件乐器及相关的演奏器具和附件千余件，其中不少乐器如十弦琴、均钟木和篪是先秦失传已久的新发现，为考古史所罕见。曾侯乙墓出土的乐器组合分为两部分，中室以钟、磬为主，配合各种吹奏、弹拨、打击乐器，合计115件，用于演奏宗庙礼乐；东室以琴、瑟为主，合计10件，用于演奏寝宫音乐。

　　曾侯乙编钟长钟架长748厘米、高265厘米，短钟架长335厘米、高273厘米。最大钟通高152.3厘米，重203.6公斤，最小钟通高20.4厘米，重2.4公斤。全套编钟共65件，分三层八组悬挂于曲尺形木结构钟架上，上层是钮钟，中层和下层是甬钟，正中间是镈钟。编钟是一种敲击式乐器，一件编钟敲击不同位置，可发出不同的声音。正面敲出来的为正鼓音，侧面敲出来的为侧鼓音，一钟双音是中国先秦青铜乐器的伟大发明。只有敲击最佳部位，才能奏出音高准确、不带金属噪音的音乐。在整个演奏过程中，要求多名演奏者协同合作，期间要不停移动身体，迅速找到每一口钟的最佳部位，还要同时击打距离较远的两口钟，这对演奏者的要求很高，需要反复练习才能完成。曾侯乙编钟音域宽广，跨五个半八度，十二律俱全的双音编钟是我国迄今发现的先秦编钟里规模最宏大、铸造最精美、音乐性能保存最为完好的一套，它的出土也改写了中国和世界音乐史。

　　《孟子·万章下》有"集大成也者，金声而玉振之也"，编钟由青铜铸成，发出的声音称为"金声"，与编钟配合演奏的乐器是编磬，磬由玉或青石片制成，敲击时发出的声音称为"玉振"，用"金玉共振"来形容钟磬合奏时悦耳清脆又悠扬

曾侯乙编磬

恢弘的音色。与曾侯乙编钟一同出土的曾侯乙编磬是目前发现磬块数量最多、规模最大的"磬王"，整套编磬共计 32 片，每个独立磬片可发出一个音阶，经复原研究，知其音域可跨越三个八度，十二半音齐备。磬的音量虽不如钟大，但不易被钟声所掩，余韵虽不及钟长，却越发显得清晰，钟磬合奏，金石和鸣，相映生辉。

墓内出土的许多文物都带有铭文，其中标明为曾侯乙制作与使用的铭文有 208 处，如"曾侯乙乍（作）寺（持）持""曾侯乙之用戟""曾侯乙之寝戈"等。在中室出土的镈钟上刻有铭文，记载了公元前 433 年楚惠王接到曾侯乙的讣告后，特为其赶铸一口镈钟，赠予曾侯乙永世享用，这就是楚王熊章镈。

音乐是无国界的，曾侯乙编钟演奏起来铿锵有力、绵延不绝，作为 2400 年以前中国人精神世界和物质生活的代表性文物，不仅反映出当时精良的乐器制作工艺，同时保留的周朝礼乐文化也一直影响至今。它是中华民族优秀智慧和才能的结晶，

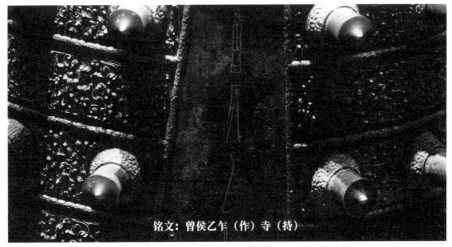

铭文：曾侯乙乍（作）寺（持）

"曾侯乙乍（作）寺（持）持"铭文

楚王所送镈钟

是民族文化延续发展的内在动力和桥梁，让我们充分感受到中国传统音乐和传统文化给我们带来的自信与骄傲。

（高冉）

# 木雕双头镇墓兽

## 天地一角

 **木雕双头镇墓兽**

> 馆藏：荆州博物馆
> 质地：木
> 尺寸：高约 170 厘米
> 年代：战国

　　它叫镇墓兽，曾被放在墓穴中，用来保护墓主人的安全。它双眼圆睁，它吐出舌头，它不是青铜，是温暖的木头。

木头上涂画鲜红的漆色，形成抽象纹路。四只麋鹿角向外生长，预示生命的开始。这些装饰都在暗示着这件文物产生于湿地气候的地区，诞生在楚国的大地。

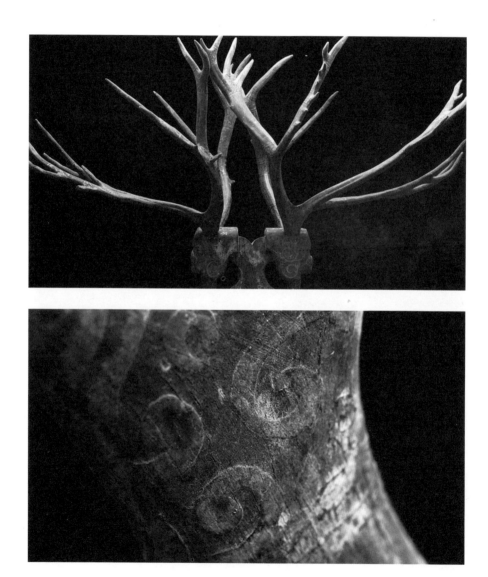

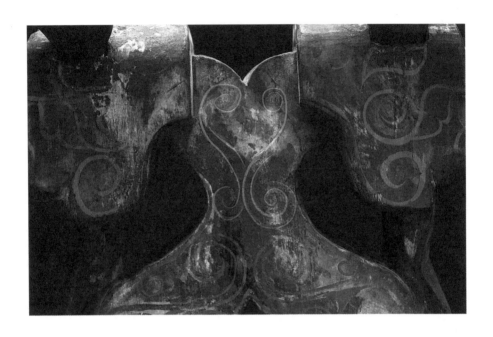

彩绘凤鸟纹漆圆盘 西汉

彩绘变形鸟纹圆耳杯 战国

漆木簋 战国

彩绘龙凤纹漆盾 战国

　　楚，意为树丛、荆棘。楚人生活在沼泽地区，他们制作的艺术品带来浓厚的自然气息。像风，像鸟，像云，没有固定的形态，是中国人血液中最自由的部分。如今，楚人的形象定格于一张窄窄的木片，定格在天地之间的角落。

　　主人驾着马车，经过一棵柳树，三个人兴冲冲地跑在前边。由于并没有采用透视画法，人物像是悬浮在半空。两只大雁飞过头顶，三个人向上望去，似乎在交换着对天气的看法。黄狗追野猪，借着春天的响动，亲密的朋友躲在树下，说着悄悄话。小心，有人在听呢。

从出土文物中，我们可以强烈地感受到楚人的自由气质。它轻快地存在过，存在于略显沉重的文明之中。

马王堆漆棺，西汉初年。300 多只精灵盘坐云端。一只精灵拨开云雾，端坐天际，露出婴儿的微笑。另一只精灵张弓搭箭，瞄准远处。它紧紧抓住升腾的气流，左手向上托起，捧起云朵。这只做出体操般的动作，在云层间游动。云端上一只孤独的精灵吹奏着思念的歌曲。远远地，一只精灵弹琴回应。

在古典时代，一个地区的气候往往影响着人们的思维方式。所以，我们才可以在楚人的艺术中，看到丰富的自然形象。

一呼一吸间，镇墓兽已存在两千年。以木头和动物的角质对抗时间的销蚀，依然完好，与天空并肩，和星辰同行。

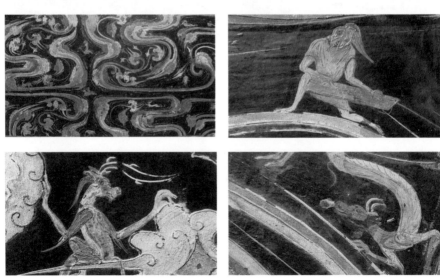

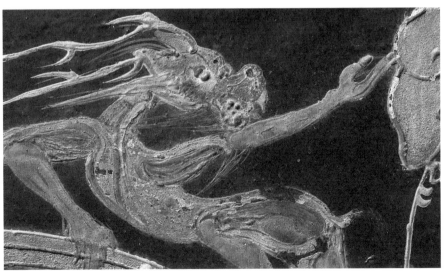

## 镇墓兽

镇墓兽是楚国墓葬中常见的随葬品。它们多为木质，一般由底座、兽身和鹿角三部分套榫拼装而成，这在其他列国墓葬中很少发现。随葬镇墓兽是楚国人独有的丧葬风俗。湖北江陵，镇墓兽集中出土的区域，在春秋战国时期，这里就是楚国都城纪南城（郢都）所在。郢都在当时是楚国的政治、经济、文化中心，建都400年间，是当时南方第一大都会。而数量众多的镇墓兽在此出土，表明它们蕴含着楚人最核心的文化基因。

单头镇墓兽　　　　　　　　　　　　双头四角镇墓兽

出土镇墓兽的墓葬，多是具有一棺一椁葬具的大中型墓葬。在礼制规定严格的周代，不同身份等级的逝者要严格按照不同的礼法举行丧葬仪式。棺椁制度在周代丧葬礼仪中十分重要，在先秦文献中多有记载。例如《庄子·杂篇·天下》曰："天子棺椁七重，诸侯五重，大夫三重，士再重。"具有一棺一椁的墓葬，逝者的身份多在士与封君之间。而一般的平民墓葬是绝不能使用此类特殊的丧礼用器的。而且墓主人身份越高，墓葬规格也就越高，而墓中的镇墓兽则会变得结构复杂，装饰繁缛。例如本件镇墓兽，器身雕刻精美，纤毫毕现，采用红、黄、金三种颜色彩绘，通体遍施各种纹饰。想必它保佑的主人生前身份尊贵，曾在楚国享有极高的声誉。在历史的风尘下，权势早已化作尘土，只有通过这尊沉睡两千年的镇墓兽，遥想当年墓主人前呼后拥、颐指气使的情形。

楚人的墓葬往往分隔成一个个方形的空间，称为"箱"，用以表示生前的居所。一般情况下，镇墓兽在墓葬中仅出土一件，位于头箱的重要部位，并与其他铜礼器或陶礼器放置在一起。可以想象，镇墓兽是葬礼中的重要用器。而镇墓兽的作用，综合各家之言，多认为与楚人的巫术系统有关，主要用于镇墓辟邪，引魂升天。

两周时期的艺术，"礼仪"是永远绕不开的话题。相较于中原地区，楚人以其特有的浪漫，让刻板的礼仪变得活灵活现。除了镇墓兽，包山楚墓出土的彩绘人物车马出行图奁亦是如此。奁盒上的画面淋漓尽致地展现了楚人的艺术风格，其表现的含义，学者们争讼不一。而最新的研究成果则给了我们一个浪漫的解释：这是周代婚礼的再现。

彩绘人物车马出行图圆奁

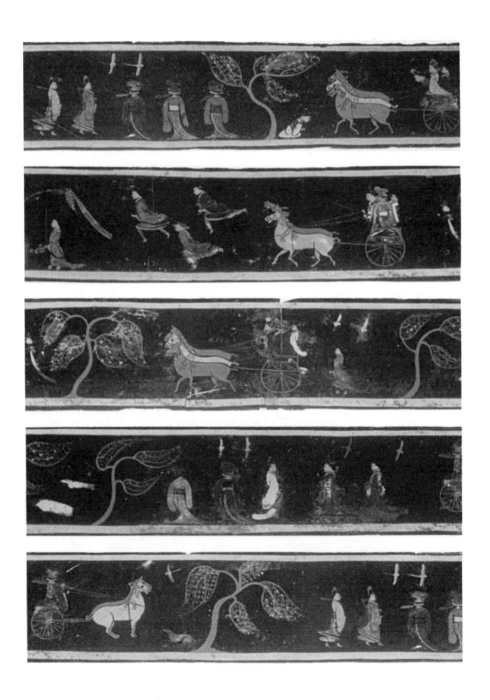

乘坐马车的主人是男方派向女方提亲的使者，而在车前跪迎的女子是女方派来交涉的摈者。双方交流彼此的意向，这就是婚礼中下达、纳采、问名之礼。在周代，婚姻大事必须要遵从"父母之命，媒妁之言"。未经父母首肯、媒人沟通的礼节，男女双方不可以"私订终身"。《仪礼·士昏礼》中说"昏礼下达，纳采用雁"，天空中飞行的双雁，正象征着婚姻缔结，夫妇成行。而在大雁之下，便是诸礼已备，青年男女相会于旷野。飞奔的野猪和黄狗，象征着生机勃勃与春意盎然。而那观赏天气的三位女子，实际上则是在画面的最后一章——男主人迎娶新娘中，在旁侍立的三位侍女。

公元前 278 年，秦国名将白起攻破郢都，楚国被迫迁都自保。曾经叱咤风云的南方雄楚逐渐退出了历史舞台。随着秦王扫平六合，建立大一统帝国，这片丛泽之地也迎来新的主人。但尽管始皇帝推行"车同轨，书同文"，意图建立全国性的制度规范，然而六国遗风始终绵延不绝，楚国文化始终根植于南方大地。随葬镇墓兽的习俗虽然消失，但是随葬木俑的习俗已然在楚国故地流传，并未受到楚亡的影响。

秦祚短暂，群雄揭竿而起。"楚虽三户，亡秦必楚"，抗秦的主要力量多来自楚地。由此到西汉初年，楚文化再次得到复兴。汉朝统治者借鉴了楚国的礼仪制度，使之成为国家礼制的一部分，这就是为什么我们在马王堆的漆棺上依然能够看到楚国的精灵跃动的身影。斯人已逝，然而楚地的灵秀，通过幽冥中的镇墓兽，得以跨越千古，重现人间。

（李凯）

# 人物御龙帛画

天上见

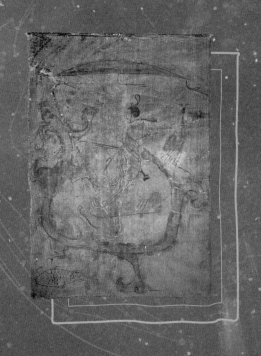

## 人物御龙帛画

馆藏：湖南省博物馆
质地：丝帛
尺寸：长 37.5 厘米 宽 28 厘米
年代：战国

死之后，人会去哪里？两千多年前的楚人相信，是永生。

他，眼神坚定，峨冠博带。身着华服的他，腰配重剑，手中的缰绳绷得笔直。缰绳的另一端，紧紧地拴着一条巨龙。巨龙昂首翘尾，身呈龙舟状。他似乎已经准备完毕，即将摆脱形骸的束缚，前往永生之地。

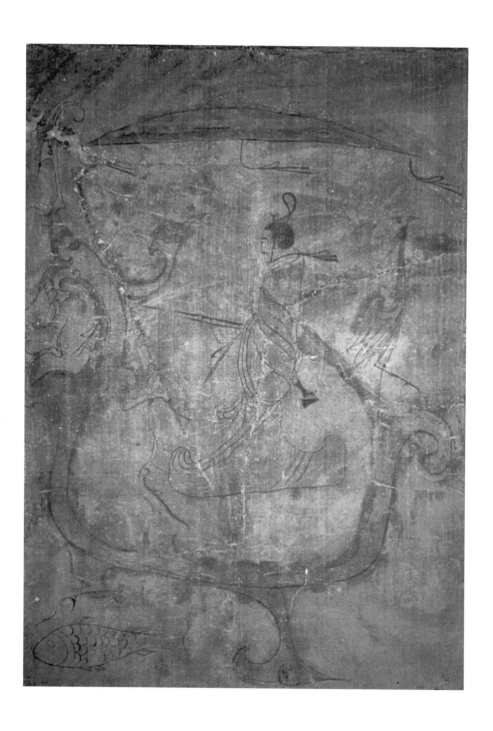

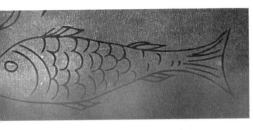

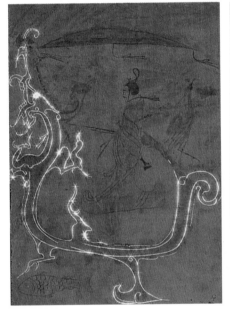
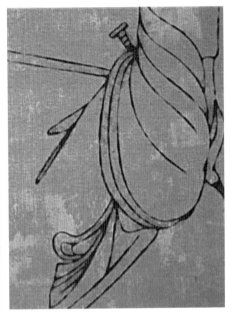

这幅人物御龙帛画作于战国时代，是目前发现的最早的帛画。它出土于长沙子弹库，发现时，平放在椁盖板和外棺中间的隔板上，是丧葬中使用的"引魂幡"。

华盖高擎，代表着墓主人正游走于天空。一条鲤鱼引领着航程。墓主人驾驭巨龙，而龙正是可以穿行于人间与仙界的接引神兽。"魂兮归来！反故居些……像设君室，静闲安些"。据说，"些（suò）"是远古楚地巫音的残存。楚人认为人死后，魄往下沉，魂往上飘，因此把帛画藏在棺椁的夹层中，

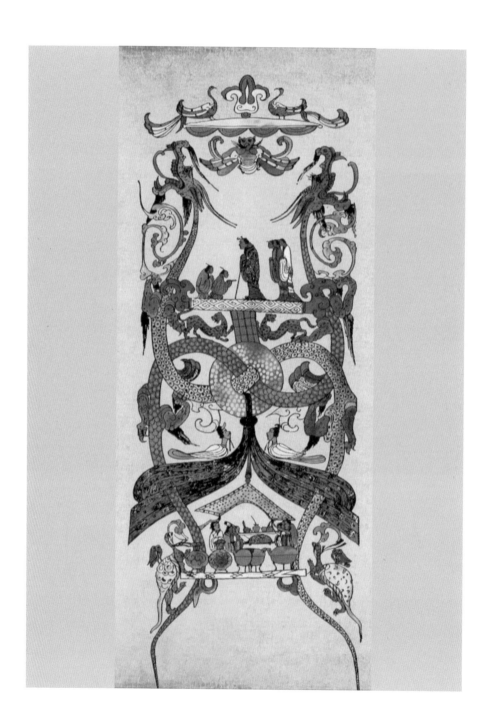

游魂识别墓主人形象，就会归来，完成升仙之旅。

作于 200 多年之后西汉时期的 T 型帛画，同样作为"引魂幡"，则将楚人有关生死的宇宙观表现得更加完整而立体。画中，生死如阴阳相互转换，死后世界的时间和空间如四季循环往复，杂糅一体。帛画下方是地下的世界。长夜玄冥中，巨人脚踏鳌鱼，震慑恶灵，托举起大地。帛画的中间部分，墓主人的魂魄则由双龙搭载着一路升腾，穿越人间。上方的天界中，天门大开，这里日月同辉，是墓主人将要飞升成仙的地方。

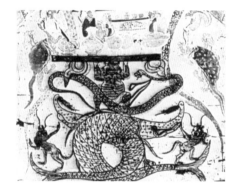

朱地彩绘棺 西汉

　　装载着墓主人的棺椁上同样描绘着升仙的极乐之境。消失的生命虽暂时如烟云般飘散，但在各种神物的庇佑下，阴阳调和，魂气聚合成形。永恒的生命在另一个世界逐渐复苏。楚人的丧葬，用楚文化奇幻神秘的形象，为逝者的出死入生描绘了一套瑰丽而完整的路径。

　　"死生为昼夜",生死非人力可逆转,可它们又如春来秋往、昼夜更替,这是大自然冥冥之中的暗示。楚人对生命奥秘的探寻,幻化在烂漫的图景中,让那时的人们面对死亡时不再恐惧。因为他们相信,死亡是为人之路的终结,却是成仙之旅的开端。事死如事生——这样的生死观影响了中国的后世千年。生而为人,死后成仙,这才是完整的生命记忆。而生死之间,应御龙而行。

## 楚汉帛画与生死观

帛画起源于战国中期的楚国。楚人认为，人死后魂魄与肉身分离，会四处游荡受害，惊扰后人，因此，须通过丧葬仪式使离散的魂魄归来，安葬墓内。屈原《楚辞·招魂》就体现了这一精神信仰。这幅人物御龙帛画正是招魂仪式中使用的"招魂幡"，其上的墓主人形象用以标识身份，招引墓主。帛画出土时，上端横边有一根细竹条，中间系有一条棕色丝绳，用于悬挂。出殡时，帛画系在引魂杆上，举在柩前，一路导引死者的灵魂进入墓坑。在入殓时，帛画覆于棺盖之上，引导灵魂进入死后的理想世界。

在这幅图像中，我们可以看到 5 个形象。画面正中的男子是墓主人，高冠佩剑的装束很符合《楚辞》中"带长铗之陆离兮，冠切云之崔嵬"的楚地服饰特色。墓主身下的是龙舟，龙头右边有一鸟头，疑似凤首。龙、凤都是楚人信仰中可以沟通天地的灵物，它们就是使亡魂升天的引导者。舟尾立着的仙鹤，被认为是长寿的象征，寄寓着死后成仙的愿望。墓主头上的华盖，代表着圆圆的苍穹，表示灵魂的去向乃是天界。画面左下角的鱼多被认为是鲤鱼，但其含义争议最大。有人认为是体现龙在江河湖海中遨游；有人以为它和龙凤一样，都是引导灵魂的使者。整幅图画表现的就是"引魂升天"的主旨，反映了楚人神秘的神巫思想。

除《人物御龙帛画》外，战国时期还有一幅《人物龙凤帛画》，出土于长沙陈家大山楚墓，年代比《人物御龙帛画》更早，二者并称为先秦绘画艺术中的双璧。画面正上方是一只硕大的凤鸟，引颈昂首，翅膀展开，双足腾踏，尾羽高翘，作向上奋飞状。凤的左边为一条体态蜿蜒的龙。画面右下方绘一女子肖像，当是墓主人的形象。女子脚下有一月牙状物，有学者认为是引魂之舟。这幅画与《人物御龙帛画》一样，具有招魂归来，引魂升天的作用。

我们将两幅帛画对比，可以明显看出图像的变化。在《人物御龙帛画》中，凤鸟所占的空间急剧压缩，而龙形图像则大幅扩张。这一图像空间的变化，也许同这一时期楚国攻灭吴、越等国有关。楚国崇尚凤，而吴越崇龙。楚人迁往吴越故地之后，吸收了当地的龙文化观念，使得帛画中龙的地位逐渐取代了凤。新出现的华盖和鲤鱼图像，则表明楚人对天上、人间、地下的空间观念进一步明确，这种三界的概念延续到西汉帛画中，表现得更加完整而具体。

汉起源于楚，汉文化与楚文化有很显著的继承发展关系。发现于长沙马王堆1号墓的西汉T型帛画，从内容和形式上都是对楚帛画的传承。这幅T型帛画从下至上分为地下、人间、天上三部分。画面下部是地下的场景。一个赤身裸体的巨人，双手托举一白色平台，象征着大地。大地之下巨人脚踏鳌鱼，胯下有蛇，是冥界神话的反映。

中部是描绘了墓主人形象的人间，以玉璧

人物龙凤帛画 战国

T型帛画地下场景线描图

为界分为上下两层。下层是墓主家人的祭祀场景，上层是墓主人的升天图景。墓主面向西方，身前身后都有侍从迎接护送。墓主及侍从头上方有一圆形华盖，象征着天穹。双龙穿过玉璧，向上飞升，引领墓主人的灵魂去往更高的天界。

帛画上部是天府。天门两侧的侍者拱手而立，正在欢迎墓主人的到来。上方两只人身神兽手中拉绳，震动中间的铎。最上端右侧有一轮红日，日中有金乌。左侧有一弯月牙，月上有蟾蜍和玉兔。日、月之间端坐着人首蛇身的天帝，显出天界的威严神圣。

这幅西汉初期的T型帛画，是楚汉帛画中内容最复杂、最奇幻的一幅，光怪陆离的神话形象体现了浓烈的楚文化特色。而从西汉中期开始，随着大一统王朝的发展，各种思想信仰渐趋融合，帛画上也出现了新的丧葬观念。

与马王堆帛画相比，西汉中期的山东临沂金雀山帛画开始呈现汉文化要素，甚至还包括齐文化的成分。日月之下的三座仙山，或为战国齐地传说的海上三仙山：蓬莱、方丈、瀛洲。帛画中不再见到地下和人间，只对死后世界的描绘。在这个类似仙山的地方，没有天帝灵兽等神话人物，只有乐舞、仕宦、纺织、角抵等人间生活和礼教行为，体现出世俗性和汉儒色彩。

马王堆1号墓T型帛画 西汉

从四幅楚汉帛画来看，战国至西汉，人们对死后世界的想象是不断变化的。战国时期，人们对死亡世界的认识还比较模糊，帛画表现的仅是墓主人接受龙凤引导而行进的情景，至于前往何方则并不明确。西汉初期的马王堆帛画，表现墓主人灵魂的去向是一个近似于天界的地方。金雀山汉墓表现的则是墓主人到达了一个类似于仙山的地方并在那里生活的场景，这说明从西汉中期开始，汉人对死后世界有了明确清晰的理解，并将其描绘得更加贴近现实。

西汉末期至东汉是帛画的衰亡期。这时的帛画图像简化，甚至有些没有图像，仅用文字记载墓主的姓名、籍贯及祭文。这种现象表明，崇拜巫鬼的楚系信仰已经衰落，引魂升天的观念逐渐消失，标志墓主身份的功能被文字代替，帛画也就相应地退出了历史舞台。

帛画的兴起、发展与消失，反映的是文化的交流融合，也是古人生死观的转变进化。从楚文化到多种思想兼收并蓄的汉文化，体现了中华文明的多元性和包容性；从迷信鬼神、渴望升仙到对死后世界的想象趋向现实，体现了古人对于生死问题的认知逐渐走向理性化。而其中不变的，是我们对超越生死的渴望和对逝者的美好祝愿。

（王雨夙）

金雀山九号墓帛画 西汉

# 跪射俑

## 帝国的镜像

**跪射俑**

馆藏：秦始皇帝陵博物院
质地：陶胎彩绘
尺寸：高 128 厘米
年代：秦

　　地平面是神秘的镜子，镜面上是巍峨而沉默的陵墓，镜面下，帝国的时间仍在行走。

1974 年，大地之镜的尘埃被意外触动，深埋在骊山脚下的秦始皇陵兵马俑赫然面世。秦军集结在京畿，面对东方。三座相邻的坑穴中容纳着超过7000 尊与真人同样大小的陶俑，仿佛镜中折射的帝国。在地下的疆场，我们与史书中描写的骁勇秦人面面相觑。

秦始皇陵兵马俑二号坑东端的阵型前锋出土了 160 尊跪射俑，他们头挽发髻，身披铠甲，持握弓箭的双手置于腰间，眼睛注视正前方，面容铁一般冷静。

　　身居射手队列的这位男子属于大秦战士中爵位最低的一员，也是帝国万千勇士的缩影。他的头背挺直，两腿纵向交叉。从侧面看，左膝、右膝、右足三点之间，构成稳固的三角。这种姿势重心稳、目标小、利于攻防，大概是当时射击训练的最高标准。

靠近观察，可以看见射手胸腹的甲片，上片叠压下片，肩部和腰下则相反，铠甲的设计细节贴合人体的曲线，满足了活动和攻击的需要。

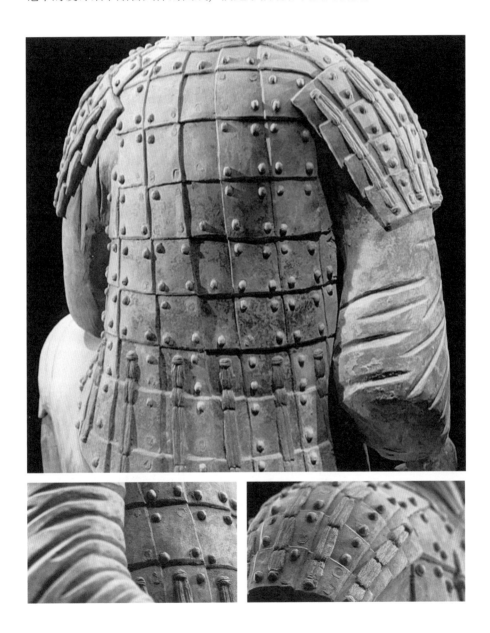

支撑全身的右脚鞋底翻起，脚尖和后跟针线更加密集，增强了鞋子的韧性，足弓处针线疏朗，便于屈伸。动作、铠甲、衣着，陶俑对帝国战士的复刻逼近真实，而五官、须发、掌纹等体貌的严谨处理又赋予了他肌肤的温度。

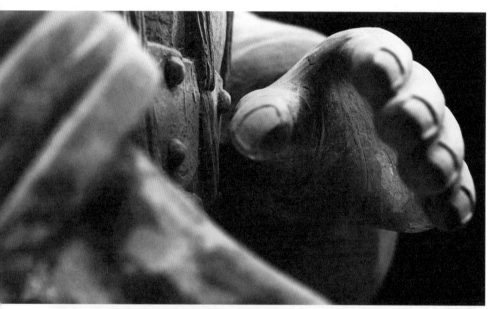

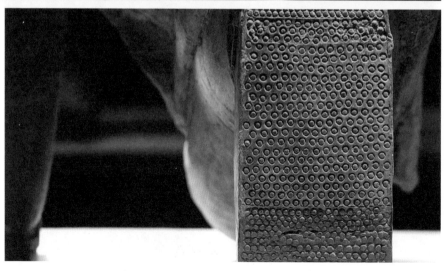

　　出土时，陶俑脸部和周身织物还留有色彩，面目如生，须发毕现，全无冥界的阴翳。虚拟的将士不仅颜值尽显，而且暗藏热血。

　　星辰旋转天穹，山河曼延大地，人为重现的镜像拥有扭曲时间的魔力。镜子之外，肉身已经逝去；镜子中，士兵却被赋予恒久的人格和生命。他们抵御住时间腐朽万物的力量，屹立在今人眼前。地面上的秦朝已经画上句号，

大地之下的时间在坑穴的隧道中自我延伸。这里的帝国没有终点，战士们等待着帝王的号令，随时准备重返战场。

秦始皇帝陵外景

## 秦兵马俑

　　秦朝随着统一的中央集权制封建国家的建立、巩固和发展，国家财力与人力的高度集中，雕塑艺术也日益繁盛。统治者将雕塑艺术视为宣扬统一功业、显示王权威望的有力工具，秦朝在陶塑、石雕、青铜铸像等方面均有建树，成为中国雕塑史上的第一个高峰。

　　充分反映秦朝陶塑工艺卓越成就的是秦兵马俑。公元前 246 年，年仅十三岁的嬴政即秦国国王位，随后不久就开始为自己修建陵墓。公元前 221 年，秦统一六国后，从全国征调 70 万人到骊山继续修建陵墓，营建死后的极乐世界。秦始皇还任命丞相李斯为总设计，大将章邯为总监工，至嬴政五十岁去世，历时三十六年的秦始皇陵才修筑完成。

秦始皇帝陵坐落于中国陕西省西安市临潼区东约 5 公里处的骊山北麓，是中国历史上第一个封建皇帝的陵墓。这座耗费无数人力、物力和财力的帝陵，奢华庞大得让人无法想象。司马迁在《史记·秦始皇本纪》中对它有过生动的描述："始皇初即位，穿治骊山；及并天下，天下徒送诣七十余万人，穿三泉，下铜而致椁，宫观百官、奇器珍怪徙藏满之。令匠作机弩矢，有所穿近者辄射之。以水银为百川江河大海，机相灌输，上具天文，下具地理。以人鱼膏为烛，度不灭者久之。"地宫挖土已经达到地下水位置，所用石料加工非常精细，石块之间用铜、锡熔液灌注，用水银做成长江大河，墓顶有夜明珠镶成的天文景象，用油脂做成长明灯，象征秦始皇万寿无疆。毫不夸张地说，秦始皇陵就是一个地下王国。地宫到底是怎样精密的布局，已经成为埋藏在地下千年的秘密。

1974~1976 年，在秦始皇帝陵东垣外的临潼西杨村南面，位置相当于东陵道的北侧，先后发现三座埋藏大型陶塑兵马俑的从葬坑。虽然这仅仅是整体从葬坑的一部分，但是其规模已经令世人震惊。三座俑坑均为地下巷道式土木结构建筑，陈列有相当数量的俑葬品，但建筑形制、平面布局各不相同。俑坑中间筑有一条条平行

秦始皇兵马俑一号坑全景

的土隔墙，坑底用青砖铺就，顶部原有棚木和芦苇形成的顶棚。俑坑四周有门道，陶俑、陶马放入后，用立木封堵门道，再用夯土填实，一座封闭式的地下军事营垒最终形成。经过千年，墓顶棚木已腐朽，让我们能看到"世界第八大奇迹"的全貌。

一号坑呈长方形，东西长 230 米，南北宽 62 米，总面积达 1.4 万平方米。东端设开阔的前厅，巷道与前厅部分整齐有序地埋藏着与真人真马等高的陶塑兵马俑，按其密度推算，坑内共约 6000 余个兵马俑。第二、三号坑的规模较小，二号坑平面为曲尺形，东西长 124 米，南北宽 98 米，总面积约 6000 平方米，共有大型陶俑陶马 1400 余件。二号坑的考古工作还在进行，目前展出的是遗址顶部的棚木迹象及一部分陶俑陶马的出土现状。三号坑呈"凹"字形，东西长 28.8 米，南北宽 24.57 米，总面积约 520 平方米。此坑曾遭严重破坏，陶俑、陶马和战车残破较甚，似为统领一、二号坑的军事指挥部。

秦始皇兵马俑二号坑局部

兵马俑严格按照秦朝军事制度排列于地下，不同的士兵按等级、兵种列阵，坚守着自己的职责。其中数量最多的是手持兵器的武士俑，其他还有牵马持弓的骑兵俑、驾驭战车的驭手俑、头戴长冠的将军俑等。跪射俑是重装步兵的一种，发现于二号坑东北角弩兵方阵的中心位置。武士屈右膝挺身跪姿，双手作持弩的姿态，目视前方，好似正准备随时张弩发箭。人体和衣物都与真人实物相同，连武士所穿鞋底的线纹都塑造得极其逼真，这是秦代军事制度和战术动作的生动写照。

跪射俑

在古代，殉葬制度极其普遍，商代以人殉为盛，到春秋战国时代开始以俑替人，秦汉时期盛行俑葬。俑以陶质为主，兼用木、石或青铜，其中以兵马俑最具盛名。兵马俑作为秦代陶塑的杰作，首要在于其工艺之精美及技术之精巧，单个兵马俑体重300多千克，平均身高在1.8米左右，按照秦朝将士真人的形象比例分别雕刻后烧造而成，每个人俑从发髻、装束、鞋履到神情和手势都不相同，性格鲜明且生动传神。

秦代雕塑的主要艺术特点即是崇尚写实，手法严谨。这支地下陶塑军队面向东方，雄壮威武的军阵场面是秦军奋击百万、战车千乘、骁勇善战的真实写照，同时在总体布局上形成排山倒海的磅礴气势，令人产生敬畏而难忘的印象。兵马俑上鲜艳的彩绘已经退却，秦人奋勇拼搏的精神却一直流传。他们是秦代雕塑造型艺术取得划时代成就的标志，更是中国雕塑史上璀璨的明珠。

（高冉）

# 战国商鞅方升

## 一升量天下

### ◣ 战国商鞅方升

馆藏：上海博物馆
质地：青铜器
容积：202.15ml
年代：战国　秦

它的容量只有一升，体格不大，颜值不高，隐约可见的铭文却暗示着它并非寻常之辈。标准、统一、天下，这些关乎中国历史走向的决定性瞬间，就铭刻在它的身上。

　　升，既是容量单位，又是测量粮食的器具。甲骨文的"升"字就像一把长勺里加了一粒粮食。青铜铸造，呈长方形，直壁，后有短柄。在它的外侧，刻有 32 字铭文，犹如一份出生证明，列出了它的出生时间、体格大小和设计者的名字。

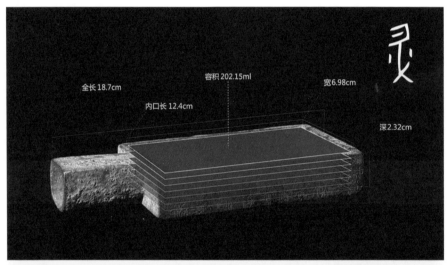

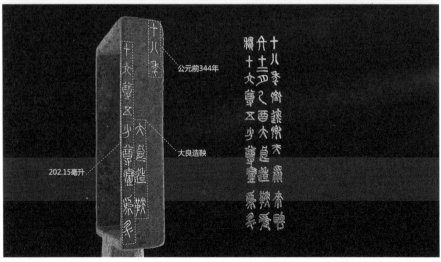

大良造鞅，就是商鞅。大良造是他主持变法时所担任的职务，是当时秦国最高的官职。战国时代，诸侯之间的战争更为惨烈。为了在残酷的竞争中生存下来，各国先后进行变法。秦国如何能在变法中后发先至，商鞅认为首先要取信于民。他在南门外竖起一根三丈高的木头，告诉民众，谁能把木头搬到北门，就给他重赏，没人敢去尝试。当他把悬赏提高到原来的五倍，终于有人把木头搬到了北门，商鞅立即兑现了承诺。商鞅使新法获得了民众的信任，统一度量衡的进程也正式开启。

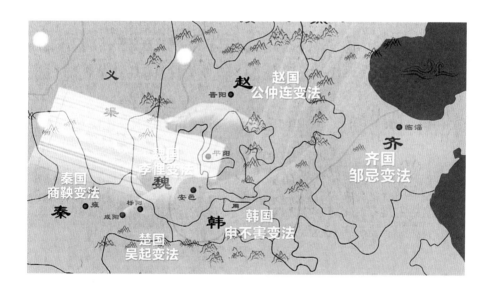

度，用来计算长短。量，用来测定容积大小。衡，则是测量物体轻重。在当时，各国之间的度量衡各不相同，即使在一国之内，各地的度量衡也差别很大。商鞅明确规定一升的大小，并制作出一升的标准器。如此一来，同样的一升米，便不会出现各地多少不一的情况。同样的一亩土地，产量的计算就不会再有差异。国家征税纳粮有了保证，源源不断的税收支撑起了秦国兼并六国的战争。

彩绘骨尺 鎏金铜尺

大魏两诏九斤铜权

燕客铜量

公豆陶量

瓜棱形青铜秤锤

阳城陶量

青铜量

　　这是始皇帝统一六国后加刻在方升底部的诏书，一共40个字。"廿六年（公元前221年），皇帝尽并兼天下诸侯，黔首大安，立号为皇帝，乃召丞相状、绾，法度量则不壹歉（xián）疑者，皆明壹之。"大意是说，如今天下一统，人民安定，度量衡的标准从此归于一致。始皇帝的诏书与商鞅变法时刻下的文字距离不超过两厘米，时间却相隔123年，意味着方升从一国的标准转变为天下的标准。

　　在一个以农立国的国家，一个农民可以不识字，没有车，却不能不纳粮。统一的方升意味着统一的法度，生活在辽阔土地上的华夏先民才会对一个泱泱大国有了统一的认识。一个国家的升，开始有了天下的度量。

## 历史中的商鞅

中国从很早开始就设立史官，负责保存记录整理历史资料。流传至今的历史古籍中以二十四史最为著名，《史记》就是其中的一部。《史记》记载了上至传说中的黄帝时代、下至汉武帝太初四年间共 3000 多年的历史，其中就包括《商君列传》。

商君指商鞅，列传指帝王诸侯外其他各方面代表人物的生平事迹和少数民族的传记。《史记》中列传共有七十篇，《商君列传》为第八篇，位于《仲尼弟子列传》之后，《苏秦列传》之前，可见商鞅在历史中的重要性。

根据《商君列传》的记载我们可以知道，商鞅姓公孙，名鞅，因其出身为卫国公族，称为卫鞅，后来因在秦国变法有功，被封于商，又称为商鞅或商君。

商鞅年轻的时候在魏国做小官，一直得不到魏王重用，后来听说秦孝公招贤纳士，变法革新，就跑来秦国。他通过富国强兵的言论，很快就得到了秦孝公信任，历任左庶长、大良造等官职，主持秦国变法。

面对当时礼崩乐坏、诸侯征战不休的社会现实，商鞅主张以法为工具来维护社会秩序和实现秦国富强，为此制定了一系列法令，例如：让百姓互相监视检举，一家犯法，周围十家连带治罪；如果不告发奸恶要处以拦腰斩断的刑罚，告发奸恶的人可以与斩敌首级的人同样受赏；如果为私事斗殴的，要按情节轻重分别处以大小不同的刑罚；如果致力于农业生产，让粮食丰收、布帛增产的人可以免除自身的劳役或赋税；在王族里没有军功的，不能列入家族的名册，等等。变法的法令在秦孝公的支持下，很快在秦国各地施行，取得了很好效果。

这样巨大的社会改革使秦国国力迅速强大，但损害了秦国贵族的利益，很多大臣开始忌恨商鞅。秦孝公逝世后，商鞅被公子虔指为谋反，遭围剿战败而死，他的尸身被带回咸阳，处以车裂的刑罚示众。但是，商鞅的死没有停止秦国变法的脚步，他的治国思想一直延续，并最终为秦国统一天下奠定了基础。

## 篆书及影响

商鞅方升中的文字称为篆书，是中国古代的文字形式。篆字可分为大篆和小篆，大篆指金文、石鼓文等，小篆是秦国统一六国以后使用的文字。

篆书的产生与甲骨文有着密切的关系。甲骨文因镌刻、书写于龟甲与兽骨上而得名，是目前国内发现最早的文字。故宫博物院收藏着一件商代殷王武丁贞问妇娩患疾刻辞卜甲，是殷王武丁占卜用的龟腹甲，上面的文字就是甲骨文，背面还有占卜时烧灼过的钻坑和凿坑。甲骨文在 1899 年被发现，立刻引起学术界的轰动。罗振玉、王国维、郭沫若、董作宾、唐兰、陈梦家等学者都进行了卓有成效的考释和研究，使我们认识了甲骨文，从中了解到了更多殷商时期的历史。从字体的数量和结构方式来看，甲骨文已经是较严密的文字系统，具备了象形、指事、会意、形声等特点，

殷王武丁贞问妇娩患疾刻辞卜甲

小克鼎铭文拓片

小克鼎

但原始图画文字的痕迹还是比较明显。

随着甲骨文的出现，青铜器上也逐渐出现了文字，称为金文，是大篆的一种。金文与甲骨文有很多相似之处，大部分学者认为金文由甲骨文发展而来，比甲骨文更为复杂规范。故宫博物院收藏的小克鼎上面的文字就是金文，共8行72字。金文的主要作用是用来记录重大历史事件，同时也颂扬祖先及王侯们的功绩，对于弥补古代文献的不足有着很重要的意义。但由于春秋战国时期诸侯混战，各自发展，导致同一个字出现了很多不同的样式，难以辨识。

秦统一六国之后，开始规范文字，统一使用小篆，小篆是以秦大篆为基础创制产生的。故宫博物院收藏有秦石鼓，上面刻划的文字就是秦大篆，与小篆已经很接近了。小篆的产生有着划时代的意义，从此汉字的结构就统一和固定下来，以后汉字的演变也是在此基础上发展，在结构和偏旁位置等方面没有大的改变，很多字在其后的几千年直至今天还在使用。

对于刻在青铜器、石头等处的文字很早就有人开始研究，称为金石学。金石学形成于宋代，欧阳修是金石学的开创者。赵明诚的《金石录》首次出现"金石"一词，清代王鸣盛等人正式提出"金石之学"这一名称。清末民初，金石学研究范围又包括新发现的甲骨和简牍，并扩及明器和各种杂器，逐渐发展成为中国考古学的前身。我们今天能够弥补文献史料记载的不足，重新认识商、周时期的历史，要归功于金石篆书所承载的历史信息被历代金石学者不断解读，可见篆书的历史重要性。

由于金石学的兴盛，许多篆书的摹本与拓片流传至今，这成为中国美术史上一道独特的风景。故宫博物院收藏的吴昌硕临篆书石鼓文就是其中一件代表作品。这幅书法作品创作于 1915 年，当时吴昌硕已 71 岁，作品笔法沉厚浑朴，线条粗细富于变化，篆字既师原文之意，得其形，又独具风骨，用笔遒劲，自具新意，达到了很高的艺术水平。此外傅山、钱坫、邓石如、吴大澂、赵之谦、齐白石、张大千、马衡、黄苗子等都有篆书的作品流传至今，可见篆书对书界艺术发展产生巨大影响。

（白炜）

《篆书临石鼓文》轴，清 吴昌硕

秦石鼓

# 秦始皇陵铜车马

图谋远方

## 秦陵一号铜车马

馆藏：秦始皇帝陵博物院
质地：青铜
重量：1061 公斤
年代：秦

生命若走近边界，帝王也无力逾越。也许，制作一辆精美绝世的车马才能驶向梦想的远方。拥有这辆车是否意味着不朽？

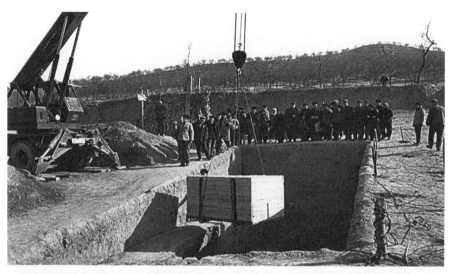

一号车 立车　　　　　　二号车 安车

1980 年冬天，在临潼秦始皇陵封土的西侧，两乘青铜车马模型先后出土。

一号铜车马是立乘车，也叫作高车。车舆、驷马、配饰一应俱全，甚至驭手也被细致刻画。车马以青铜制造，马身佩戴金银装饰的配件，局部施以彩绘。

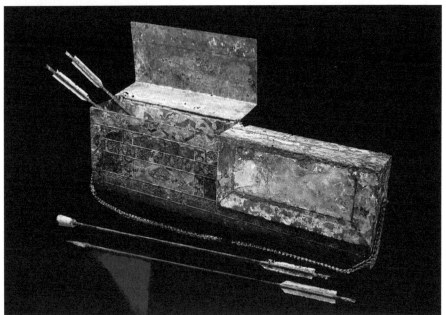

一号车配件 铜箭镞及箭箙

这是迄今为止中国考古所发现礼制最高、形象最完整的古代车马。不计工本地用金属代替真实原型，诉说了始皇帝的勃勃野心：背倚死亡，图谋远方。

一号车高 152 厘米，长 225 厘米，相当于真车马的一半，其尺度令铜车马区别于陪葬系统的其他物象。虽然略显微缩，却不减精致。这辆车重量超过一吨，然而它并非凝固的雕塑，而是由 3000 多个零部件组成的灵敏机械，数量庞大、形状各异的零件挑战了金属铸造与组装的技艺。修长或大体量的构件采用空心铸造法，宽而薄的则使用铸锻结合的工艺。复杂的组件被分解成简单的元件单独制作，再通过活页、子母扣、销钉或纽环连接合为整体。严密拼接的青铜车马再现了大秦制造的优良品质，让我们重温一颗充满理想的心。

公元前221年，秦王朝建立，自称始皇帝的嬴政意图打造完美的国家制度，设置由中央统一管辖的郡县，书同文、车同轨，修筑通达天下的道路。秦朝

高速公路、直道和驰道很快诞生，车轨距离的国家标准也随之出现。

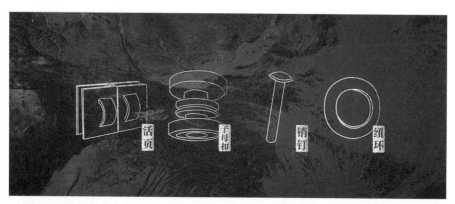

　　秦始皇沿着自己铺设的道路，先后五次驾驭车队巡游疆土，他的生命终止在旅途。曾经最威严的人间仪仗化作驶入陵墓的悲壮行伍，陵墓之下，另一组车马整装待发，静候主人的魂灵。

　　帝国沉埋，青铜剥蚀，从未启程的座驾是否真的能够疾驰到达远方？

**地下的座驾**

1980 年冬，在秦始皇帝陵西侧出土了两乘铸工精良的大型彩绘铜车马，这是继兵马俑坑之后，秦始皇帝陵考古的又一重大发现。两乘铜车马发现于一个大型陪葬坑的过洞内，一前一后，面朝西向排列，前边的一乘编为一号，后边的一乘编为二号。

秦始皇帝陵中的青铜车马经历了发掘、吊装迁移、清理，车体拼接、组装、修复等主要过程，是我国迄今为止发现的形体最大、结构最复杂、驾具最完整、制作最精美的陪葬车马。每乘青铜车马的总重量约 1200 公斤，车舆分为前后两室，前室是御手驾驭处，均套驾四马，后室是主人乘坐处，二室之间不能相通，把御者与车主人分隔开来的做法，表明车主人地位之尊贵。除尺寸为原大的二分之一外，无论大结构还是细微末节，铜车马均与真车马无异。两乘铜车马都是由众多铸造成型的零部件组装而成，结构极其复杂，连接方法采用了铸接、焊接、子母扣连接、活铰

秦始皇帝陵铜车马出土现场

连接等多种工艺，车门和车窗至今仍可灵活启闭，细部的真实和鲜明的质感为研究秦代舆服制度提供了确切的实物例证。

两车彩绘的色彩基调均偏冷色，即以乳白色为地，其上用红、紫、蓝、绿、黑、黄等诸色涂绘成多种卷云纹与几何形图案，肃穆庄重，富丽典雅。彩绘纹饰一般是在底色上以勾画、平涂、堆绘等方式绘制，在车体、御官、马、饰件等部位形成不同类型的纹样。图案内容大致可分两类，一类是卷云纹和云气纹，这种纹饰以彩绘为主，少部分也有铸出的；另一类是几何纹，有菱形、圆形、三角形等，其中以二方连续或四方连续的菱形纹图案最多。这些风格明快、朴素大方的图案，若配以车马的金银装饰，则更显华贵富丽。

一号车笼箙箙身外侧纹样

二号车后舆车门内侧纹样

这两乘车虽然同是秦始皇车驾卤薄中的属车，但二者在形制结构及武器配备形式上却迥然相异。一号铜车马是伞盖高车，通长225厘米。驭手后是乘物载人的车厢，称之为车舆。车舆高约152厘米，双轮单辕。一号车车体结构相对复杂，附件多以工整的几何纹为主要装饰纹样。车舆平面为横长方形，周边前、左、右三面立有栏板，敞口车门辟于后栏板中央。舆内立十字形伞座，座上插一长柄铜伞，圆形青铜华盖刚好笼罩住整个车舆和御官俑，驭手作立姿，为立车，显示出该车的肃穆和庄严，在仪仗队伍中有开导和警卫的作用。前栏板顶端有用作扶手的横木，需要时也可站

秦始皇帝陵一号铜车马

在上面眺望，称之为"轼"。宋代著名文学家苏洵为自己的儿子取名苏轼，苏洵认为这根横木不张扬外露，却是一辆车必不可少的一部分。他又为苏轼取字"子瞻"，意在希望他能以轼为基础，更加高瞻远瞩。

二号铜车马车体较大且有车篷，通长 328.4 厘米、高 104.2 厘米，车为双轮单辕，驭手呈坐姿，除御官俑的佩剑外，没有其余兵器装备。车舆呈"凸"字形，顶部为隆起的车盖，四周有围挡，侧面开窗，增加了马车内部的私密性。人员在其内或坐或卧，安稳舒畅，这被称为篷盖安车。这辆车主要用云气纹作为装饰纹样，以体现作为休息用具的安逸。出土时，一号车马居前，二号车马在后，表明一号车马是从属二号车马的前导车。《晋书·舆服志》有"坐乘者谓之安车，倚乘者谓之立车，亦谓之高车"的记载。

### 秦朝的高速公路——秦驰道

秦国从商鞅变法开始，经过一百多年的斗争，到秦始皇时期完成了统一六国的

秦始皇帝陵二号铜车马

历史任务。如何巩固刚刚统一起来的封建主义中央集权国家，进一步打击奴隶主贵族复辟与分裂势力，是当时最大的难题。秦始皇在这方面采取了许多措施，建立以国都咸阳为中心的交通系统就是其中之一。战国时期各国各有其交通道路系统，车辆轨距也互不相同，如果遇到战争必使军事受到影响，因而秦始皇在统一六国期间，颁布法令统一文字和全国轨距。从此以后，中华大地上完成了"书同文，车同轨"。

统一六国前，由咸阳通往西北边地的道路有三条：一条通到陇西，一条通到北地，一条通到上郡。秦国原来的版图只是函谷关以西一隅之地，统一后的版图远较秦国本土广阔。公元前220年，秦始皇修建了以秦都咸阳为中心的驰道，这是中国历史上最早的"国道"。这条"高速公路"的修建、扩大和加密以国都咸阳为中心向四方辐射的交通道路体系，改变了原有道路的布局。驰道大部分是在六国旧有道路基础上修筑而成，所以修建速度很快，接着第二年秦始皇巡视各地，就由驰道前去。

新驰道的干线有三条：一条向东直通过去的齐燕地区；一条向南直达过去的吴楚地区；一条由咸阳向北，经云阳（今陕西淳化）直到包头西南的九原郡治所，全长90公里，目的在于防御匈奴侵扰。驰道的修建适应了全国统一后经济发展的需要，活跃物资交流，恢复和发展战争破坏的农业生产，建立巩固的粮食基地，发展农战政策，大大便利了从京城到各地的交通，加强了中央对地方的控制。

由于驰道的干线都是以咸阳为中心向外辐射，在一些地区呈蛛网式分布，六国旧地的任何一处发生复辟活动，都可以就近使用相邻地区的兵力，由咸阳派兵，顺驰道而去，控制各国的旧都。驰道的修筑也说明秦始皇防御匈奴侵扰的魄力和决心。

秦朝军队有步兵、骑兵、车兵三大兵种，有陆军和水军两大部分。秦始皇时期秦国陆军以步兵为主，骑兵也成为独立兵种，并在秦国的兼并战争中被作为主力使用，水军主要是在兼并楚国和进攻百越时发挥了重要作用。铜车马再现了秦始皇陆军千里驰骋、南北征战、统一中国的雄伟图景，对于研究中国古代的政治、军事、科学、艺术都有十分重要的价值，是中国古代劳动人民智慧和才能的结晶。

（高冉）

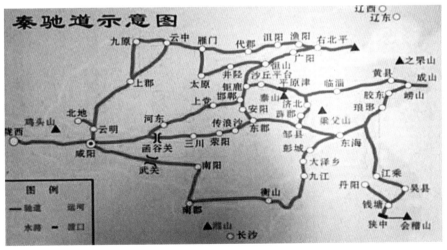

秦驰道示意图

# 里耶秦简

## 秦朝县城那些事儿

里耶秦简

馆藏：里耶秦简博物馆
质地：木
数量：37000 余枚
年代：秦

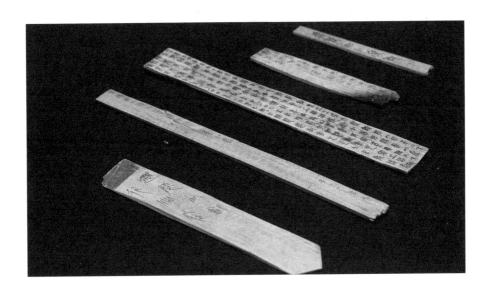

　　2018 年，一批国宝的数据复原工作正在进行中。里耶秦简，现藏于湖南里耶秦简博物馆。这些木片看似不起眼，但模糊的文字却隐藏着大量信息。这些信息来自秦朝的一座县城。2002 年 6 月，湖南湘西里耶古城一座古井里发现的 37400 余片秦简，震惊世界。

　　"这片秦简上记录的内容，我们可以看到字迹已经很不清晰了。它经过火烧过，水泡过，就很难再现它本身的这个原貌。但是我们通过一些技术，比如说多光谱的采集，可以把它很好地再浮现出来。"

　　南阳户人荆不更郑不宝，妻曰有，子小上造虒。

　　两千两百年前的一户人家，户主郑不宝，享有爵位不更。他的妻子名叫有，两人还有一个未成年儿子造虒。当年他们生活在南阳里，现在这家人在这片木简上团圆。

　　"是不是很像我们现在的户口本，我还知道有一片更像身份证。"

　　故邯郸韩审里，大男子吴骚，为人黄皙色，隋面，长七尺三寸。

　　23个字介绍了一位原来自邯郸韩审里的男子，他叫吴骚，皮肤有些黄，椭圆的脸，身高170cm左右。有了这块简，吴骚可以避免被冒名顶替，官员检查人口流通也有据可依。即使他的身体已成为尘埃，但木简还记得他的样子。

今海内赖陛下神灵一统，皆为郡县。——《史记·秦始皇本纪》

始皇统一六国后，推行郡县制，全国共有 40 多个郡。地处洞庭郡的迁陵县并不起眼。这里的大小官员也很平凡，他们当年日复一日书写完成的官府文书便是现在的里耶秦简。大部分木简记载的是秦王政统一中国称始皇帝后的秦代。其纪年由公元前 221 年到公元前 209 年，一年都不少，记事详细到了月和日。

大量的木简，一枚便完整地记录了一件事。一个时代浓缩于一个县，一个县浓缩于一片木简。37000 多枚木简，就像一部秦朝县城生活的百科全书，写满了当时的各个方面，有通邮，有行政建制，有买卖、算术和记事等，全景式展现了郡县制下一个秦朝县城的管理和运行。

始皇二十八年，迁陵县服役人的死亡率颇高，每六又六十三分之五人当中，便有一人死亡。

始皇三十二年，迁陵县的仓吏将祭祀剩下的一斗半酒卖给了城。

始皇三十二年，迁陵县共有户数五万五千五百三十四户。

甚至还有三片目前可见最早的九九乘法口诀表。

在正史当中，对秦朝行政制度和社会生活的记载不足千字。而里耶秦简用近20万字，为我们描绘了37000多个从前。这如同复活了秦朝的一个细胞，继而复活了一个时代的生命气息。

那时的小吏与平民，仍存于尺牍，可以阅读，可以理解，可以想象，可以在尺牍之间，看到那些被秦时明月照耀过的生命与时光。

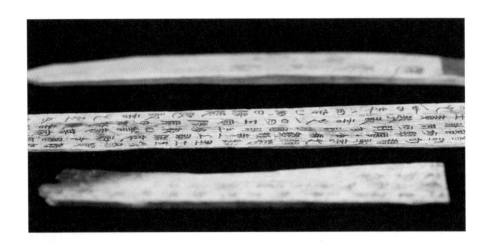

## 竹简上的郡县制

始皇帝并吞八荒、横扫六合之后，困扰他最大的问题，就是如何才能使四海长治久安，为子孙建立万世基业。《史记·秦始皇本纪》记载，关于采取何种统治方式的问题，群臣展开了激烈的争论。秦始皇最终力排众议，支持李斯在全国推行郡县制的建议。

秦帝国采取郡县制，史书上的记载仅是只言片语，让人雾里看花。而这样的问题却又是秦朝历史最需深究之处。因为始皇帝的这一决定对秦帝国乃至整个中国历史都影响深远。王朝初建，对于分封制与郡县制的权衡利用，都是历朝统治者必须面对的关键抉择，稍有差池，便会招致如"七国之乱""八王之乱"这样全国性的兵祸。而秦王朝作为郡县制的"头号买家"，却没有太多可资参考的"买家秀"，不能不令后人感到遗憾。即便如"唐宋八大家"之一的柳宗元，在名篇《封建论》中，对于秦推行郡县制，也只能写下"裂都会而为之郡邑，废侯卫而为之守宰"这样寥寥数语，简单交代了秦朝废除诸侯、委派郡县长官的情况。直到里耶秦简的发现，为我们研究秦帝国的郡县状况提供了最珍贵的记录。里耶秦简是秦朝迁陵县的行政文书，类似于今天公务员们最为熟悉的"材料"。而县作为秦朝的基层政权组织，受到郡以及中央的制约。我们可以通过这些文书做到"窥一斑而知全豹"，从最微观的视角，观察秦帝国郡县制实施的种种细节。

通过对这些简牍的分析研读，我们能够看到"迁陵县政府"的具体职能。首先它需要执行上级的行政命令，接受中央、郡下达的文书；其次需要实施行政管理，在辖境发布公文；除此之外，还要向中央、郡定期"汇报工作"，接受上级的核查；最后还要"作批示"，处理下属机构的上行文书。可以看到当年秦朝迁陵县治的职能，与现在地方政府职能有很大的相似性。

但是秦朝没有像今天方便的交通、通讯工具，如何才能保证这样的管理模式持续执行，避免"天高皇帝远，皇权不下县"？秦朝使用的手段和工具之一，就是依靠文书上行下达，传递信息。

通过里耶秦简可以看到，这些文书数量巨大，规定严格，可以想象当年的公文处理任务极为繁重。

例如，在一些文书之中，常见到"敢言之"这样的习语，而且在一段文字中反复出现。所谓"敢言之"，是用来标示文书主体的起讫，两个"敢言之"之间是文书的主体，以此防止有人篡改。无论主体文字有多简短，"敢言之"是断不能少的。而"敢言之"也不能随意使用，一般只针对下级对上级的报告。

文书的授受，必须书写准确日期，不仅记日，甚至还要记时刻。

除此之外，文书传递方式也有严格的规定。"以邮行"，是由邮人专门传递，属于紧急公文；"以次行"，是在各县之间依次传递；"别书抄送"，是在需要留存文件正本时，抄送文件副本送往其他地区。

一块小小的竹简蕴含了大量的制度信息，每个文字的书写都要深思熟虑，不可怠慢。刘禹锡在《陋室铭》中曾叹"案牍劳形"。从里

"卅二年四月丙午朔甲寅少内守是敢言之廷下御史书举事可为恒程者洞庭上帬（裙）直书到言今书已到敢言之。"

耶秦简中，我们可以想象秦朝的"基层公务员"面对这细致绵密的规定，面对这层层递转的隶属关系，也免不得一声叹息。

获取了权力，就要承担职责，古往今来，皆是如此。

繁重的公文往来、严格的公文程序构成了秦朝政治治理的主要内容。阅读里耶秦简，可以看到这些公文的处理者主要为丞或守丞，其下有一群辅佐的书吏。他们熟悉公文的写作格式，也深知如何利用文字将县城与国家沟通。在秦朝的每一个县，都有这样一个公文处理机构，它们也是地方权力中枢所在。国家大事、地方小情，全部于此交汇。郡县之间传递的文书，如同人体的毛细血管，将秦帝国的权力渗透到宇内的任一角落，如身驱臂，如臂用指。

秦帝国在全国推行郡县制，绝非如后世所言，是始皇帝好大喜功的结果，而是经过了深思熟虑，用心经营。身为秦朝的一个平民百姓，可能永远无法直面圣上，但是即使在边陲小城中，依然能深切地感受到皇权浩荡。

正是这古井坠简，让后人了解了近两千年前的帝国法制。尽管我们不再像古代王朝一样将秦朝当作兴亡之鉴，但却可以从这些文字中辨析千古一帝对国家的建构，体会中华文明对国家制度的独特理解。

（李凯）

# 南越汉玉

## 有玉而安

## 角形玉杯

馆藏：西汉南越王博物馆
质地：玉石
尺寸：高 18.4 厘米 口径 5.9~6.7 厘米 口缘厚 0.2 厘米
年代：西汉

南越王墓"蕃禺"汉式铜鼎

雨林，湿地，瘴气弥漫的土地。这里是南越之地，也是两千年前秦始皇眼中一块诱人的沃土。赵佗，便是奉秦始皇之命而来征服五岭之南的江山。也是他，为汉代守护一方平安。《史记》中记载，这位来自中原、有可能是中国历史上"待机"时间最长的王，从外表上看，他就是个越人。王二代赵眜即位时，历史已经进入汉代。在他死后不到二十年，南越国被汉武帝的十万大军所灭，而他的墓葬安静地在地下。1983 年被发现的这座墓室，呈现给世人一个汉代玉石艺术的巅峰。

　　玉，本是美好的石头，中国人赋予了它丰富的生命和意义，可以象征品德，可以炫富，也成为生死的陪伴。到了汉代，玉器出现在人们生前死后的各种场所，从礼仪到装饰再到器用，记录了一个朝代想象力的维度和气度。南越国虽然身处统一国家版图的边缘，对玉的追逐却和中原地区一样浓烈。

　　喝酒有玉杯，穿衣有玉带钩，挂在脖子上的项链，系在腰间的玉佩，甚至连下棋也要用温润的玉棋子。南越王墓的主人赵眜，显然是一位"玉粉"。

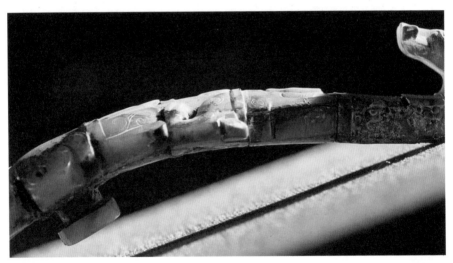

八节铁芯龙虎玉带钩

墓主组玉佩

铜承盘高足玉杯

南越王墓六博棋子

赵眜玉印

这是一只玉角形杯，也许是玉匠希望借意犀牛角能溶解毒物，便成就了这只"无公害"杯。杯子的主人一定好酒量，因为玉角杯不能直立，超过 100 毫升的酒，必须一饮而尽。杯子的外侧雕刻了一只中国传统的夔纹。

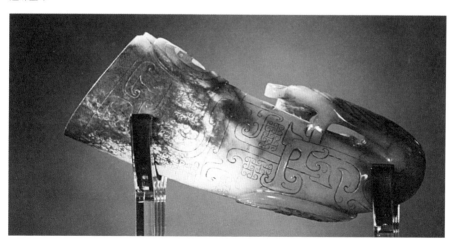

南越王墓角形玉杯

龙的形象几乎遍布汉代装饰用的玉器。龙形玉佩，龙纹玉璧，还有这件龙凤纹重环玉佩。两千年前，它叠放在南越王脸上，一如瞳孔，望向人类不可见的地方。身处内环的龙托起外环的凤，执手相看。雕刻者将内外环的纹饰设计为不同的方向，让人错觉双环旋转，气韵便由此而生。

虎头金钩扣龙形玉佩

大玉璧

透雕龙凤纹重环玉佩

生者佩玉，以比其德；亡者敛玉，以慰其灵。随葬用玉在汉代表现得更为极致，当时流行的观念是，用玉器随葬，可以保住墓主人精气不散。在汉代君王的葬礼上，堪称奢侈品的玉衣风靡一时。"愿在体而为衣，安君王于

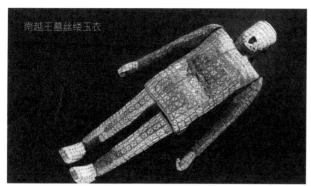

南越王墓丝缕玉衣

九泉。"这 2291 片玉被红色的丝线串联，与那些金、银、铜缕相比，这件属于南越王赵眜的丝缕玉衣有了属于自己的红色血脉。

　　南越国，秦汉帝国的南土，这里的玉承袭了中原玉文化的正统，也融合了海外异域的风情。玉，石之美。玉，比王字多一点。即使身为王，也会在时间里湮没。有了玉，便多了一点能与时间并肩的力量。有玉而安，身体因此安住，大地因此安住，安住在对永恒的祈愿与向往中。

## 汉代的葬玉

"情深不寿，强极则辱。谦谦君子，温润如玉。"玉石文化是中华文化所特有的，古人对于玉的比附和赞美绵延千年而未绝。在汉代有一种特殊的玉，并不是用来佩戴和把玩，而是用来陪葬的，我们称之为葬玉。

葬玉传统古已有之，但是在汉代迎来了一个新的高峰期和新的创造期。最具有代表性的就是玉衣制度。玉衣的使用仅限于上层皇室贵族以及皇帝赏赐的大臣，具体分为金缕玉衣、银缕玉衣、铜缕玉衣以及丝缕玉衣。其中金缕玉衣仅限于皇帝和诸侯王使用，目前考古发现的已经复原的金缕玉衣主要有河北省满城西汉中山靖王刘胜及其妻窦绾的两件、河北省定州西汉中山孝王刘兴的一件、江苏省徐州西汉楚王刘戊（一说为第二代楚王刘郢客）的一件、安徽省亳州东汉末年曹操的宗族曹腾（曹操祖父）的一件。

除此之外还有一些零星的发现，由于中国历代盗墓情况严峻，所以很多墓葬发掘的时候只剩下零星的玉衣片。除了完整的玉衣外，还有一种较为简略的形式就是玉覆面。汉代贵族之所以如此看重玉衣，很重要的一个原因就是当时人相信玉有灵性，

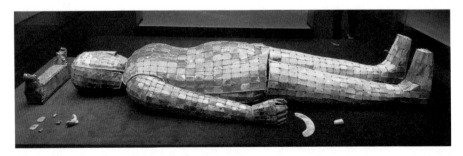

刘胜金缕玉衣

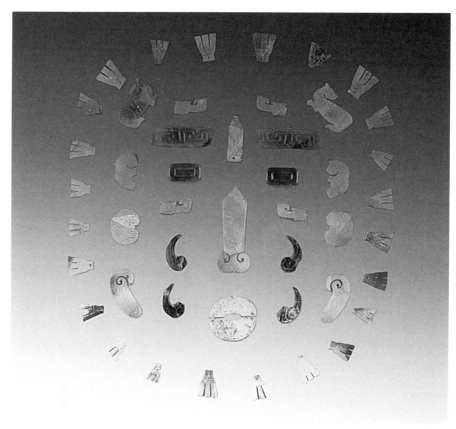

西周晋穆侯夫人玉覆面

着玉衣以葬可以保精气不散，得以永生。

　　虽然人们相信玉衣的功效，但是穿着玉衣是少数上层社会的人才具有的权利。抛开制度层面的约束，动辄上千的玉衣片以及大量的金银丝线也远非平民所能承受得起。对于一般的家庭而言，他们的葬玉选择则是玉蝉、玉猪与玉塞。玉塞是用来封堵九窍以防精气扩散的葬玉，如《抱朴子》中说，"金玉在九窍，则死人为不朽"，一般制作比较粗糙。

　　玉蝉是古代饭含的一种，古人不忍心死者空口离去，故在亡者断气之后往其嘴中放入一些物品。汉代以前的饭含在《周礼》中是这样记载的：天子含实以珠，诸侯以玉，大夫以玑，士以贝，庶人以谷实。考古发掘中常见的汉代以前的饭含主要是贝壳。到了汉代最常见的就是玉蝉。汉代的玉蝉造型古朴简拙，形象生动。蝉在古人的心目中地位很高，向来被视为纯洁、清高、通灵的象征。随着时间的推移，人们又赋予蝉更多的含义。汉代玉蝉的制作水平也与丧葬者的经济水平直接相关，最主要的就是所选的玉料不同。例如在青岛土山屯6号汉

青岛土山屯6号汉墓出土玉蝉

墓出土的这件玉蝉，整体晶莹剔透，生动活泼，甚是可爱。

　　除了玉蝉，汉代还有一种较为常见的葬玉就是玉猪，也叫玉猪握，是在下葬的时候握在逝者的手中。这是后人不愿意逝者空手而去因而制作的。《仪礼》中记载："（士人）握玉手用玄纁，里长尺二寸，广五寸，牢中旁寸，著组系。"这就是说，用长一尺二寸、宽五寸的红黑色织物包裹东西，握在死者手中，并用丝带捆紧。《释名》中解释道："握，以物在尸手中，使之握也。"而玉猪就是一种汉代流行的玉握。猪是人类较早驯化的家畜之一，一直以来都被视为财富的象征。手握玉猪而葬也是希冀逝者在九泉之下仍旧能拥有富足的生活。

山西太原尖草坪汉墓出土玉猪握

　　说到汉代的葬玉，就不得不说汉代的制作工艺。正如我们所看到的，汉代玉蝉、玉猪握的制作琢磨工艺极其精良，线条洗练、流畅、挺拔，造型准确、逼真。最主要的是刀工干脆简洁，并无过多装饰。这种制作工艺被称为"汉八刀"。"汉八刀"的准确来源已经无法考证了，大都认为是汉代玉件粗坯被简单地施以八刀而成型，故线条简约、棱角分明，器形大方而阳刚之气十足。八刀不过是一个概略的说法。而作为一种葬玉，它们的制作绝大多数时候还是相对潦草的，而这种潦草也恰恰成就了它们简洁明快的特点。

　　汉代社会是一个物质文化都空前发达的社会，随着生产力的发展，人自身的重要性被发现和重视。经过前代的发展，人牲和人殉的现象基本不存在了。相比前代，人们更重视当下的生活，先秦之前的玉器主要是体现礼制和等级，而到了汉代则更多地体现生活和希冀，因此也有大量的前代礼玉被重新制作，换上新的用途。而随葬玉器的传统虽是继承前朝，但是俨然已经有了汉代人自己的定义和选择。他们所期待的是逝者身后的生活能像现实生活一样富足和幸福。

（魏镇）

# 霍去病墓石刻

磐石之志

## 马踏匈奴

馆藏：茂陵博物馆
质地：石
尺寸：长 168 厘米 高 190 厘米
年代：西汉

汉武帝茂陵

霍去病墓

　　汉武帝茂陵不远处，便是名将霍去病的墓葬，形如祁连山。当年山上的石刻气势依旧，纪念和陪伴着中国历史上的少年将军。

一块整石浅刻的人，带着痛苦的表情，像一个问号。当求生存或求生存而不可得，一场战争无可避免。

中原肥沃的土地吸引来了怪兽，表情透露着贪婪与凶残。羊已入兽口，弱肉强食。匈奴是西汉前期在北方草原上兴起的游牧民族，他们控制着西域，强悍的骑兵屡次进犯汉边界，这是令人畏惧的对手。

石人

怪兽吃羊

这匹隐在石头中的骏马，头上仰，作势跃起，就像公元前 140 年的汉朝，16 岁的汉武帝刘彻即位，霍去病出生。汉朝刚刚建国 62 年，像一匹年轻的骏马，要跃上世界的舞台。

体形粗壮的石人掐着一只凶猛的野熊，昭示着战争的惊心动魄。骠骑将军霍去病在千里大漠中闪电奔袭，六天转战匈奴五部落。这位 19 岁的少年，孤身进入敌人的营帐，一个人却仿佛拥有千军万马，让帐外四万兵卒、八千乱兵归顺大汉。

一匹威武的战马气宇轩昂，凛然难犯。马腹下的匈奴人仰卧在地，右手持箭，左手握弓，垂死挣扎却无法动弹。

跃马

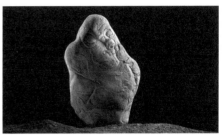

人与熊

马踏匈奴

公元前 119 年，21 岁的霍去病祭天封礼于狼居胥山，封地禅礼于姑衍山。之后，霍去病一直打到翰海，也就是今天的俄罗斯贝加尔湖。经此一役，"匈奴远遁，漠南无王庭"。汉朝从此可以直面更辽阔的世界。

司马迁形容这闪电般存在的生命："直曲塞，广河南，破祁连，通西国，靡北胡。"闪电耀眼，闪电短暂。公元前 117 年，23 岁的霍去病英年早逝。

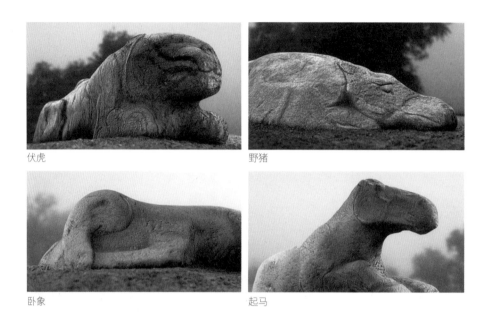

伏虎　　　　　　　　　　　　野猪

卧象　　　　　　　　　　　　起马

　　石雕无声,荒野长吟。这些拙朴、粗犷的石刻,不同于后世的写实风格,是汉代艺术的杰作。石不朽,磐石之志永存。亦如闪电的生命在大地上消失的那一刻,石头里的生命浮现出来。一块岩石刀刀划过,时间在它们身上碰撞,便镌刻出了故事。

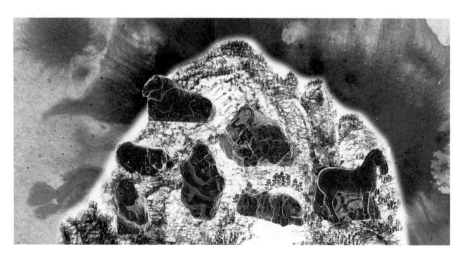

### 少年将军的丰碑

霍去病是西汉抗击匈奴的名将，作为大将军卫青的外甥，他 16 岁就跟随卫青击杀匈奴。霍去病曾六次出兵塞外，均得胜而归，其中以祁连山一役最为著名。他击败匈奴主力，不仅保卫了大汉西北边境的安全，更打通了河西走廊的通道，促进了汉朝与西亚各国的经济文化往来，为我国多民族统一国家的形成与对外交流奠定了良好的基础。因功高，他被武帝封为大司马骠骑将军、冠军侯。然而霍去病在 23 岁

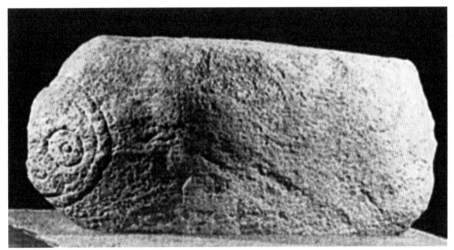

石鱼

马踏匈奴

蛙

便英年早逝，武帝十分悲痛，诏令陪葬茂陵，用天然石块将墓冢垒成祁连山形，象征霍去病生前驰骋鏖战的疆场，以此铭记他的赫赫战功。墓前放置的大型石刻群，既是纪念少年英雄的丰碑，也是汉代石刻艺术的瑰宝。

根据文献记载，中国在秦代已有陵墓石刻，但遗存下来的作品却以西汉时期的为最早。霍去病墓石刻是目前我国保存的古代大型石雕中时间最早且最完整的石刻艺术遗产。现存石刻共 16 件：马踏匈奴、卧马、跃马、石人、人与熊、怪兽吃羊、野猪、伏虎、卧牛、卧象、蛙、蟾、石鱼两件、石刻题记两件。

狼噬牛纹金牌饰 战国

除石刻题记之外，其他 14 件石刻的雕刻技法、造型风格并不一致，由此可以推断，它们具有不同的功能和意义。"马踏匈奴"是其中完成度最高、雕刻方式最复杂、主题最清晰的作品，匈奴人形象经过了精细的刻画，应当是承担了表功的功能。"怪兽吃羊""人与熊""石人"等表现匈奴草原生活的雕刻，只是在天然岩石上略加雕饰，或许是为了达到"象祁连山"的目的而作的。"卧马""卧牛""伏虎"等动物石刻形态上呈大体相似的伏趴状，有人认为是观赏用，也有学者认为它们是仪卫神兽的雏形。"石鱼""蛙"上部平整，可能是建筑构件。

## 多元文化的融合

除了功能不一，霍去病墓石刻还受到了多元文化的影响，最明显的是来自北方草原文化的影响。石刻中众多的动物题材，带有浓郁的草原艺术风格。牛、羊、马等是游牧民族长期饲养的动物。各种形态的野兽、怪兽及它们相互撕斗、捕食家畜的场面是草原弱肉强食生活的真实反映。人与猛兽搏斗的造型表现了草原民族勇猛强悍的性格和想征服自然的野心。这些动物主题在中原艺术中不常见，却是草原文

玉猪 汉

玉蝉 汉

化的艺术创作风格，在北方游牧民族的文物中经常能见到。比如出土于内蒙古的战国时期金牌饰，其上的狼噬牛纹就与怪兽吃羊有相似之处。

如果说题材上体现了草原文化的因素，那么雕刻手法上就看出了中原文化的影响。先秦的玉石雕刻工艺被应用到了石刻艺术中，使得石刻的线条简洁明快，线刻技法也更加成熟。霍去病墓石刻的手法明显借鉴了玉器的制作方法，如石蟾的眼型与商代玉蟾的眼型一致；利用天然石块的形状因势象形，去掉繁琐的装饰，只施加简单线刻的风格也与

简洁生动的汉代玉猪、玉蟾等有异曲同工之妙，体现了于中原玉文化共同的审美取向。

飘逸浪漫的楚文化风格，在霍去病墓石刻中也有所反映。"怪兽吃羊""人与熊"两座石刻都是浪漫主义色彩浓厚的作品，夸张而又富有想象力的形象和表现形式，使人联想到奇异神秘的楚文化。身份难辨的怪兽造型正像楚地神话中的奇珍异兽，具有流动感的线条呈现出惊心动魄的艺术感染力也是楚文化艺术的显著特征。武帝时期的西汉帝国以开放包容的姿态展现了强大的气魄，体现在艺术上也具有多元文化交融的面貌，霍墓石刻正是游牧文化、中原文化与楚文化相互借鉴、交流融合的产物。

与后世精雕细琢的陵墓石刻相比，以霍去病墓石刻为代表的西汉石刻艺术特色是古朴稚拙、气魄雄浑。动物造型并不特意追求形似，而是循石造型，因材施艺，选取与所雕动物轮廓相似的石料，借用石块天然的起伏形态进行削凿，用寥寥几刀突出能表明动物种类的体态特征，使得浮雕、圆雕、线刻等技法与整石结合自然，浑然天成。石刻造型虽然简单，但正体现出天真拙朴的原始魅力，自然原石的质感与体量得以保留，也使石刻大气磅礴，极富气势。

彩绘狩猎纹陶博山炉 西汉

放置这样一组大型石刻群在墓冢之前，有什么目的呢？学界比较主流的观点是"记功说"。霍去病的墓冢仿祁连山形，以纪念他的战功，雕刻野兽和牲畜放在"山"上，是为了增强"祁连山"的真实性和山区氛围。还有一种"仙山说"，也得到了不少学者的支持。这种观点是将霍墓置于西汉流行的神仙信仰语境之下，将其与同在茂陵出土的博山炉联系起来，认为霍去病墓象征着"仙山"，石刻和博山炉上的动物一样，是出没在山间的异兽。石刻的功能不在记功，而在于构建虚拟的神仙世界，来表达长生不老的心愿。

虽然石刻的目的尚无定论，但这批作品的历史意义和艺术价值是毋庸置疑的。以"马踏匈奴"为代表的石刻昭示了大汉王朝的强盛实力和民族精神。在中国墓葬文化中，它是中国陵墓巨型石刻艺术的开山之作，对此后中国历代陵墓石刻有深远影响。在中国美术史上，它是中国古代石刻艺术的瑰宝，古拙雄浑的风格使后世的创作思维深受启发。

（王雨夙）

# 五星出东方织锦

## 五星出东方利中国

## 五星出东方锦护臂

馆藏：新疆维吾尔自治区考古研究所
质地：织锦
尺寸：长 18.5 厘米 宽 12.5 厘米
年代：汉

古桥遗址和尼雅古河道

佛塔遗址

尼雅遗址

M3、M8 木棺出土地

　　大地的经纬纵横交叠，标识出山川和城市。坐标连接，足迹踏成道路，示意来处，遥指去向。来自东方和西方的风在每一个路口相遇。

　　昆仑山北麓，一条雪水汇聚而成的河流在沙漠深处失去踪迹，河道尽头的风沙下掩盖着神秘的精绝古国。1995年，中日联合考古队在尼雅遗址发现大量织物。1号墓地8号墓中的男性贵族周身穿戴华贵的服饰，右臂旁的一枚方形护臂保存完好，引人注目。护臂主体裁剪自五重平纹经锦，边缘有六条绑绳，蓝、绿、红、黄、白，五色经线织出云山、星象、草木和鸟兽，纷纭色彩装扮了主人的手腕。山石云气与奇禽异兽的组合在汉代寓意仙境，是流传四海的装饰母题。汉风西传，这件护臂或许是中原王朝给精绝古国的馈赠。

五星出东方利中国织锦出土情况

　　织锦的纹样间自右及左横列八个篆体文字——"五星出东方利中国"，这是一句吉利的占星语。五星，即金、木、水、火、土，也称太白、岁、辰、荧惑和镇。地分九州，中国指的是中原。人们相信，每当五星汇聚，辉耀东方，大汉就将安宁昌盛。丝缕的叠加构成锦缎，颜色的集合拼出画面与文字，美好的愿望，浓缩成千丝万缕，被细密编织进这一掌见方的精致里。

　　五星锦每平方厘米经线220根，纬线48根，丝之纤细，线之密集，都

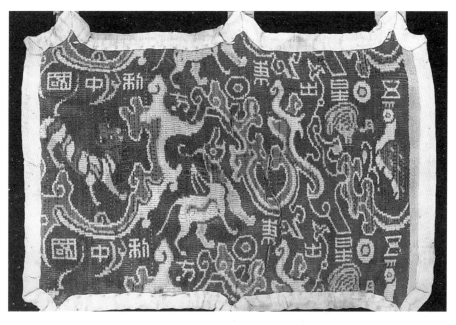

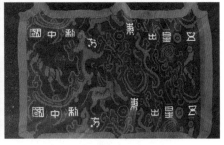

展现了公元 2 至 3 世纪最杰出的丝绸织造工艺。四川成都老官山汉墓出土的四台蜀锦提花机模型，为今人复原逝去的神机提供了线索。2018 年，中国丝绸博物馆依照汉代的技术，使用原始的工艺仿制五星锦，历时一年多终于完成，全幅的画面和完整的语句再一次缀合在世人眼前。

蜡染蓝白印花棉布

蓝地人首马身织毛布

丝绸，像强劲的东风，出塞远行。与此同时，毛、棉织物则像西风，与东风相逢在路途。新疆地区的丝路遗址不仅保存了锦缎，还容纳了多元的域外因素。织有人马和武士图案的缂毛，印有丰饶女神的棉布，无不折射着来自异邦的陌生风景，裹挟着浓郁的他乡气韵。

世界文明犹如缤纷多彩的丝线，广袤河山仿佛从未停歇的织机，在东风和西风的吹拂下，编织至今。经与纬，线与路，古与今，在沙海古道上，我们看到了你，也遇见了自己。

## 五行、天象与"中国"盛世

这方织锦护臂不过半尺有余，但细研其形制，却能领会到中国古代玄学的核心智慧，以及古人对天文、气象学朴素的认知。

从色彩上看，织锦由白、绿、青、赤、黄五色丝线组成，这五色分别对应着五行中的金、木、水、火、土，这些元素正是中国古代思想家用以构建万物存在的基本物质。五行学说朴素的唯物主义理论不仅绵延于我国数千年根深蒂固的价值观和世界观，更成为了历代统治阶级处理政务的重要依据和统治手段，所谓"行者，顺天行气也"，他们相信只有顺应"五行"而行事，才能算是顺应天命，也终将能迎来繁华的太平盛世。于是，有关五行的各种隐喻、学说和图像等大量出现，体现在古代林林总总的社会、生活百态中。除了使用"五色线"，该织锦上穿插织入的凤凰、鸾鸟、麒麟、白虎等瑞兽以及日月山河等图案，也有隐喻阴阳五行的意味。

但最值得关注的还是穿梭在各种图案中的八个篆隶小字："五星出东方利中国"。此处"五星"不仅与五行学说相对应，更是代表了古代天文学的发展以及统治者对占星、卜筮的信仰。根据《史记·天官书》的记载："五星分天下之中，积于东方，中国利；积于西方外国用（兵）者利。"意为：五星同时出现在东方，则为大吉天象，天运利于中国（汉代，"中国"主要是指以汉族为主的"中原"，与今日"中国"的含义不同）；如果五星同出于西方，则运势转向利于外国，作为中原，需警惕对方发兵。然而，五星同出东方的天象极其罕见，清代的康熙皇帝就明确地表示：五星在天上的运转度数不同，速度各异，无法聚于一宿。虽然史书有所记载，但是终不可信。这也从侧面反映出：随着我国科学技术水平的进步和人们认知水平的提高，到了清代，国家的最高统治者已经对基础的天文知识有着较为科学的认识，并对星象占卜术保持有较为冷静、理智的态度，并不一味盲从。可以说，这也是我们历史文明不断进步的具体表现。

"五星出东方，利中国，诛南羌，四夷服，单于降，与天无极。"

## 西域古国的吉祥"锦绣"

讨南羌织锦残片

作为汉代西域古精绝国所属的尼雅考古遗址，出土"五星出东方利中国"锦护臂的墓葬中同时出土了许多精美的物品，包括陶器、铁器、漆器、弓矢、纺织品、料珠等，其中就属纺织品最有特点，完美呈现了在当时中西方交流的过程中文化的碰撞和交融。

尼雅遗址墓葬中出土的纺织品主要为男、女墓主人的服饰（包括长袍、面衣、锦帽、护臂、手套、帛鱼、锦带、靴子）、枕、被、毯等。"王侯合昏千秋万岁宜子孙"锦枕中内装干草，四角用丝线作穗。

织锦用变形的云纹和茱萸纹装饰，其中织出小篆字样，其中"昏"就是现代汉语中的"婚"字，这是中原地区专门为王侯婚礼织造的锦缎，所以推测枕头的主人应该是精绝国王。另一个墓出土的枕头造型独特，它两端翘起，中间宽厚处凹陷，一边是栩栩如生的鸡头，另一边是鸡尾。若人的头部枕在中间，刚好会让枕头的鸡头和鸡尾高高翘起，如同打鸣的公鸡。它的名字便叫"鸡鸣枕"，是用织有"延年益寿大宜子孙"的红色锦缎制成。其中，男尸下颌用素绢带托紧紧系扎，头颈部

延年益寿永葆子孙锦

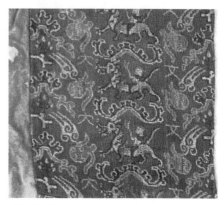

"文大"锦

盖绢质面衣，身体以彩色毯子严实包裹，身着右衽长袍，右臂着"五星出东方利中国"锦护臂，腰扎宽彩带，袍襟边缘装饰有宽约 13 厘米的"文大"锦、"延年益寿长葆子孙"锦、"宜子孙"锦及"安乐绣"锦联结缝缀。值得注意的是，墓葬中有一块织锦，其织造结构、纹饰、材质等与"五星出东方利中国"锦护臂完全相同，上书有"讨南羌"三字。据推测，这块织锦可能在织造时与"五星出东方"文织锦为同一块面料，锦上全文应为"五星出东方利中国……讨南羌……"。"南羌"一词最早见于《汉书·地理志》，尤指活动于祁连南山及以河徨为中心的羌族人，而"讨南羌"一词出于中原王国对于平定西域的热烈诉求和希望，如尼雅遗址织锦上的诸多文字一样，也是祈福吉语的一种。

## 来自远古的祝福

那么这条"丝绸之路"的东方源头究竟是何处呢？就尼雅遗址出土的这批织锦来看，如今的四川蜀地应是它们的归属。同时，四川也是当时纺织业最为发达的地区之一，集结了最优秀的织工以及最先进的织造技术。丝绸之路的一端，牢牢地系在了我国西南地区的这篇锦绣土地上。

而名贵的中原蜀锦输出西域，在历史上又承载着怎样的政治意图呢？钩沉史籍，汉朝为了平定西域，曾不同时期、不同程度地对西疆的许多国家采取了多种政治方略，"战争""和亲"和"馈赠"是比较常见的手段。而尼雅遗址中出土的"五星出东方利中国(讨南羌)"蜀锦，则应是出自于汉朝皇室馈赠给精绝国统治阶层的高档礼品，并与平定羌乱息息相关。

我们可以大胆地推测：这位拥有该锦护臂、深目高鼻的男子，也许在生前曾身份显赫、征战疆野，并在东西联盟、讨伐南羌的战事中担任过要职。而这方联结了东西方丝绸之路，担任维护中原和西域和平与稳定的织锦护臂，陪伴着主人经历了剑拔弩张，度过了戎马一生，并最终静静地陪伴着他躺在黄沙荒漠中，等待了漫长而孤独的千年岁月。也许他们是在等待最好的时机，等待着五星红旗升起在中国天空时，发出来自远古时代的西疆送给东方大地最光辉而又温暖的祝福。

（彭晓云）

# 四神纹玉铺首

## 青龙白虎朱雀玄武

## 🪵 四神纹玉铺首

馆藏：茂陵博物馆
质地：玉
尺寸：高 34.2 厘米 宽 35.6 厘米 厚 14.7 厘米
重：10.6 千克
年代：西汉

　　铺首衔环常用作大门上的门环，但这件茂陵博物馆的玉铺首却绝无仅有。云气缭绕间，现出兽面端严威武，虽衔环缺失，却气势犹存。背面凸起的长方形钮上有方孔可穿榫。再仔细看正面，双目炯炯有神，头部的云气纹里依稀可辨有动物形象隐藏其中。尊贵的龙，凶猛的虎，吉祥的神鸟，还有一对龟蛇合体。它们是天生的组合，有个霸气的名字：四神。

仰望星空，带给古人视线之外的想象。28个星宿中，东、西、南、北四方的每7个星宿，组成天上的四种神兽。天之四灵，以正四方。四神就是四方的象征和守护者。青龙，又称苍龙，是东方之神，颜色为青，五行属木。白虎是西方的主宰，颜色是白，五行属金。朱雀是一只红色的大鸟，统领着南方，五行属火。玄武，是神龟与灵蛇合体，位于北方，五行属水，颜色是中国古代特有的玄色，黑中带红。

在两千多年前的汉朝，天地相应。人们把四神投影到地上，需要区分东西南北的地方，就有它们的存在。行军打仗，四神奔腾如风。在猎猎招展的旌旗上，朱雀领前锋，玄武居后卫，左翼青龙，右翼白虎。一场仗打下来，前后进退，与天同在。

四神浮现尘世，营造城池、宫殿时，人们把它们刻在瓦当上，标示方位，护佑一方平安。四神游走在石碑上，潜入墓室之内，盘旋在一面小小的铜镜上。有方向的地方，就有它们的身影。它们是离人们最近的神，守护着人们的四方。

这是灵动的四方，铺首上的四神纹欢快地跳脱了原本的方位。南北两神右旋后，适合地布置在兽面两侧，似在祥云里飞腾翱翔。怒目利齿的兽面，

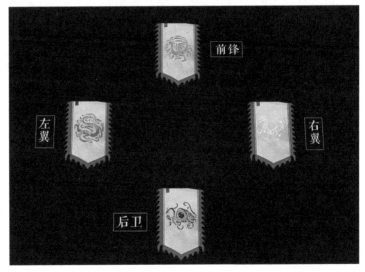

眉目间也流露出几分柔情。一切都在艺术的浪漫中被汉人的双手活化。

　　玉石，大地的精华。当雕刻者把天上的青龙、白虎、朱雀和玄武雕刻在这块玉石上的时候，玉石又秉承了天象。也许古人把它们想象成天空之门的铺首，即使在眼前，我们也需要仰望四神遨游的天际。这块蓝田玉上的四神

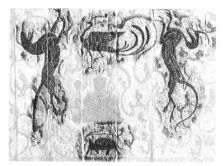

安在，这是一片碧绿的天空，奔腾、飞翔、盘旋、静默的四神，指引着地上的方向，也望向天外的世界。

## 罕见的玉铺首

铺首是古代器物或大门扇上衔圆环的底座，因常以兽首为造型而得名。铺首与兽面口衔的圆环合起来，称为"铺首衔环"。在器物上，它是提手；在大门上，它起到把手和扣门的作用，是兼具实用性与装饰性的构件。威严狰狞的兽面不仅具有装饰美化的作用，还被用以驱鬼辟邪。

根据学者的研究，铺首的兽面纹样与良渚文化玉器上的兽面纹及殷商青铜器兽面纹有承继关系。殷商时期的兽面没有衔环，只是以立体浮雕形式出现在器物的颈部或腹部。西周早期，铺首与衔环才结合出现在器物上。而铺首衔环应用于门上，则最早出现在春秋战国，汉代成为普遍现象。"铺首"一词也最早出现在汉代文献中。《汉书·哀帝纪》："孝元庙

牛首兽面纹尊 商代

殿门铜龟蛇铺首鸣。"唐颜师古注："门之铺首，所以衔环者也。"汉代厚葬之风盛行，铺首衔环不仅出现在阳宅和日用器上，更现身于阴宅墓葬之中，以求护佑墓主的平安。画像石、墓门、随葬明器上都能见到它们的身影。

铺首做成兽面形，源自远古先民对兽类的崇拜，凶猛矫健的野兽是人们心中力量的象征。殷商尚巫，此阶段青铜礼器上的兽面铺首纹样复杂，狰狞恐怖，带有神

秘的原始宗教色彩。西周至春秋战国时期，狂热的鬼神崇拜消退，兽面铺首带着辟邪祈福的作用保留下来，与圆环相结合，发展为程式化的"铺首衔环"。到了汉代，铺首的形象不单只有兽面，而是与四神、伏羲女娲等纹饰组合出现，呈现出对死后理想世界的浪漫构想，是汉代谶纬迷信思想的反映。

虢季子白盘 西周

铺首大部分为金属质地，多为铜制，以金为之称为"金铺"，以银为之称为"银铺"。如司马相如《长门赋》中："挤玉户以撼金铺兮，声噌吰而似钟音。"玉铺首是汉代才出现的新型玉器，十分罕见。

此件铺首呈青色，玉质莹润。经专家鉴定，它的矿物成分、色泽、外观组织、比重、硬度等与现在被称为"蓝田玉"的矿石很相近，推测是用古代的蓝田玉料琢制而成。它的发现对玉雕工艺和玉料产地的研究都有重要意义。

## 四方保护神

四神是中国古人信奉的四方之神，它们是四种被神化了的灵兽，即青龙、白虎、朱雀、玄武。四神象征着方位、季节、颜色，渗透进社会生活的各个方面，既是四方的主宰神，也是人的守护神。

隋炀帝墓出土鎏金铜铺首

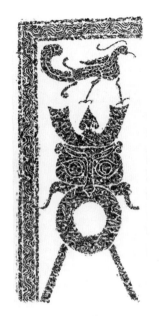

朱雀、铺首衔环画像 汉代

四神的起源大约在春秋战国时代，在二十八星宿体系形成之后出现。古人将二十八宿划分为东、西、南、北四组，每组以一种动物为代表。至汉代，阴阳五行学说盛行，四神与木、金、火、水四元素，春、夏、秋、冬四季，青、白、赤、黑四色相配，构成一个完整的思想体系，青龙、白虎、朱雀、玄武的形象也由此基本定型。

在古人的宇宙观中，天、地、人是一体的，彼此对应且能相互感应，因此地上的方位也要与天上的四方神对应，以求天地相应。《礼记·曲礼上》曰："行，前朱鸟而后玄武，左青龙而右白虎。"即是在行军之时，将四神分别画在旌旗上，以此来表明前后左右之军阵，达到壮大威仪、鼓舞士气、祈求战无不胜的目的。

除了是四方的象征，四神还具有镇凶辟邪、守护平安的吉祥寓意。两汉时期，四神图像游走于瓦当、铜镜、画像砖石、墓葬壁画之上，全方位地护佑人们生前身后的安宁。根据汉长安城南郊礼制建筑遗址的发现，"四神"瓦当装饰在围墙四面的门上，东门使用青龙，西门使用白虎，南门使用朱雀，北门使用玄武。由此可见，在建筑上，四神纹瓦当通常被放置在各自代表的方位上，起到辟邪祛灾的作用。而在墓室之中，四神则是墓主人的四方守护神。这枚茂陵出土的玉铺首上装饰四神，就是希望四神能一直守护汉武帝。

## 茂陵大门守卫者

今陕西省兴平市东北，有一座气势恢宏的帝王陵寝，那就是汉武帝刘彻的茂陵。茂陵是汉代帝王陵墓中规模最大、修造时间最长、陪葬品最丰富的一座。

这件铺首的出土位置，在距离汉武帝茂陵封土约一公里处，正是外城墙附近，因此它有可能是用于外城城门之上。如果此推测属实，外城的装饰就已经是这般华丽，可想而知，陵园内部的建筑又该是何等的宏伟壮观、金碧辉煌。然而，受时代变迁、战乱等因素的影响，茂陵陵园的封土，包括陵园建筑的围墙，可能都经过了严重的扰动。这件四神纹玉铺首也有可能是茂陵地宫墓门上的一个装饰品，被人为移动至陵园附近。

无论如何，一件门上的装饰，用料都能够如此质地精良，雕工如此精美繁复，可见茂陵的奢华程度。汉武帝在位时是西汉王朝的鼎盛时期。史书记载，茂陵地宫内的陪葬品极为丰厚豪华。《新唐书·虞世南传》记载："武帝历年长久，比葬，方中不复容物。"即是说，武帝在位时间长，到下葬之时，陵中已没有空间放下那些宝物了。出于保护文物的目的，茂陵地宫尚未被开启。但透过这件四神纹玉铺首，我们已可以想见西汉国力之强盛。这枚铺首或许不仅为汉武帝叩开天宫之门，引导其灵魂飞升成仙，也为我们叩开了历史的大门，使我们得以一窥那个辉煌绚烂的大汉王朝。

（王雨夙）

# 熹平石经

## 破碎与重聚

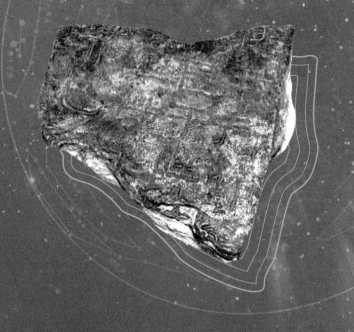

熹平石经·易经残石

馆藏：西安碑林博物馆

质地：石

尺寸：长 31 厘米 高 66 厘米

年代：东汉

依稀的文字，饱经沧桑的残石，分藏在全国多家博物馆，虽相隔千里，却是出自同一组石碑。它是现今留存最早的官方定本石经，东汉熹平石经。双面刻字，不是一块，而是一组，共 46 块，内容为儒家七部经典，全辑 20 多万字，史无前例。

古埃及的罗塞塔石碑刊刻了法老的诏书，古巴比伦人刻制了汉谟拉比法典，中国人在石头上镌刻了一套儒家经典。

法老的诏书

汉谟拉比法典

汉代开始，普通人可以通过学习提升自己的社会地位。儒家经典作为官方法定教科书，成为指导社会发展的伦理道德典范。官学私学规模空前，制定的教育制度模式沿用至今。当时，印刷术尚未发明，经籍传播主要靠抄写，时间一长，难免出错。汉灵帝熹平四年，议郎蔡邕等人奏请校订儒家经典文字，刻一套范本立于太学，以供刊误订伪。此举轰动全国，读书人纷纷前来捶制拓片作范本，不仅校对内容，亦学书写。熹平石经全文以当时官方正体字写就，是汉隶成熟期的顶峰之作，在中国学术史和书法史上都堪称鸿篇巨制。

公元635年

公元581年

公元540年

公元191年

公元184年

　　天有不测风云，石碑也有旦夕祸福。熹平石经刻成的第二年（公元184年），便爆发了战乱，七年后（公元191年），董卓焚烧洛阳宫庙，太学荒废，石经遭到破坏。魏初有所修补，之后便颠沛流离，南北朝时期（公元540年），北齐的高澄将石碑从洛阳迁往邺都，结果半路上掉进水里，运至邺都的还不及一半。隋朝年间（公元581年），又从邺运往长安，却用作柱础。唐贞观时（公元635年），魏征去拯救这批石经，已十不存一。再以后就仅剩些拓片和零星出土的碎石残片，如一串断线的珍珠，四佚乡野。

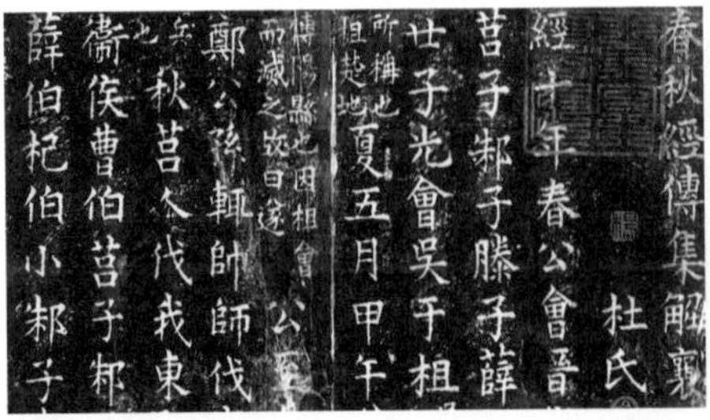

广政石经 拓片 蜀

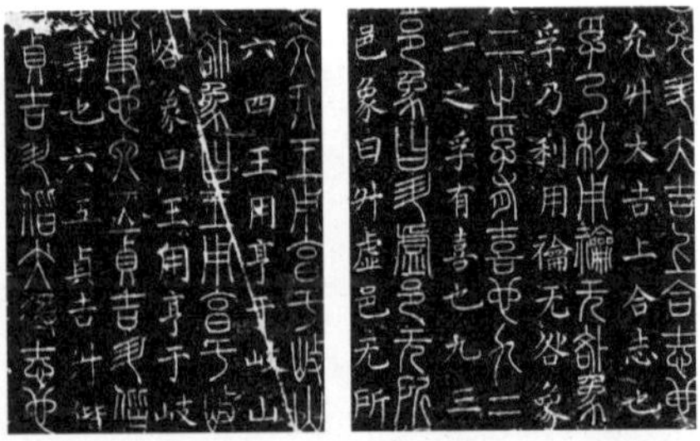

熹祐石经 拓片 北宋

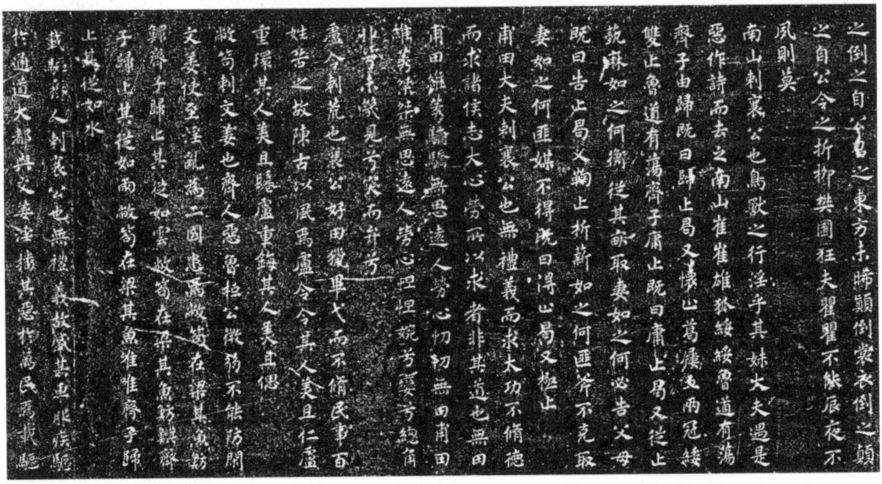

临安石经 拓片 南宋

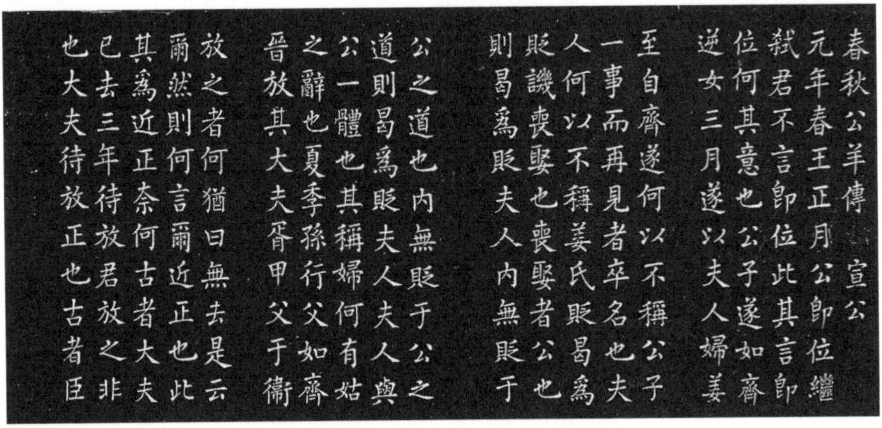


乾隆石经 拓片 清

可以看出，这块熹平石经上的内容是《易经》。汉字历经演化，有繁简之别，有通假之异。文字是文明传承的根本，前人所以垂后，后人所以识古。熹平石经开创了文字校正之先河。此后，历代都有官方刻石，宣布经文定本。石碑是中国古典文化的强大载体，成为梳理传统文化的重要凭据。汉人早已用行动表明，回溯，是为了接近本真。

石头冷硬，字藏深意。它召唤着历代有心人，将残片从各处找寻。如今，我们已经收集到8000多个熹平石经文字。一片一块，一字一句，等待破碎后的重聚。

## 千年聚散 文明传承

熹平石经自刻制以来，虽颠沛流离，支离破碎，但却始终坚守着对经典的传承。

唐代除魏征征集以外，在营建东都洛阳时亦出土大量石经残石。据《尚书故实》载："东都顷干创造防秋馆，穿掘多蔡邕鸿都学所书石经。后洛中人家往往有之。"

熹平石经逐渐走出官方视野，作为古董珍玩，四散民间。

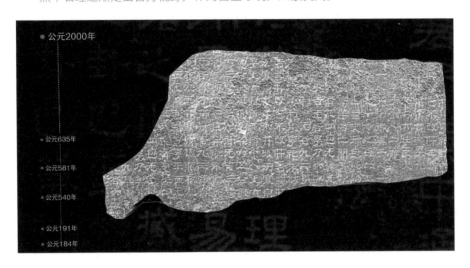

然而石经若束之高阁，便失去了它本身的意义。"唐之原石"除极少量传世外，皆湮没于历史的烟尘中。

宋嘉祐年间，洛阳、长安再次出土不少石经残石。方勺《泊宅编》记载："石经残碑……往年洛阳守因阅营造司所弃碎石，识而收之，遂加意搜访，凡得《尚书》《仪礼》《论语》合数十段，又有《公羊碑》一段，在长安，皆残阙已甚。"

此时正逢金石学兴起，文人士大夫爱好著录金石，以此追慕三代古风，发思古之幽情。"熹平石经"虽不属三代，但因其为官方厘定，对儒家经典的记载真实可信，因此在隋唐时期流散各地的原石拓本此时也得到辑录。

欧阳修、黄伯思、赵明诚、洪适、晁公武……这些两宋时期赫赫有名的金石学大家都曾著录过熹平石经。例如洪适的《隶释》将唐代传拓的残文进行辑录，使得这部分石经"形虽灭，神尤在"，后人依然能知其内容。而赵明诚更进一步，利用熹平石经上的文字大胆质疑当时流传的经文内容错误丛生，他在《金石录》中曾写道：

"以世所传经书本校此遗字，其不同者已数百言，又篇第亦时有小异。使完本具存，则其异同可胜数邪？然则岂不可惜也哉！"

熹平石经上静穆庄严的汉隶，给了赵明诚的质疑经典的底气。但是这一声呼喊，并未迎来西欧宗教改革那样订正经典的思潮。赵明诚的疑问将承载于石经之上，等待后人的解答。

三体石经

而在宋代嘉祐以后，不论正史、野史，均不见石经出土、著录的记载。熹平石经自此消失在人们视野当中。"唐之原石，宋之精拓"成为了价值连城的珍宝，若谁收藏了宋拓，一夜之间就可名传天下。

转眼来到民国十一年（1922 年），距离洛阳城东 15 公里的朱家圪垱村出土了一大批带字的石碑，学者考之乃知，这些碎石是曹魏的"三体石经"。过了不久，又传出"熹平石经"残碑重现人间的消息，一时震动海内，有识之士纷至沓来。

最初的来访者多是些古董商，他们于农家收购，后来残碑价格节节攀升，他们开始蓄意盗掘。由于时局动荡，这些残石出土后多散于收藏家之手，仅有少数残石幸存，大半已不知所踪。

所幸石经再现，又恰逢其时。晚清民国时期，金石学又再度兴起，并深受乾嘉学派影响。不同于宋儒的"追慕三代",乾嘉学派的有识之士利用金石学材料进行辨伪考异,以实证精神对儒家经典进行诠释。这是一个人才辈出的时代,钱大昕、王念孙、吴大澂、俞樾……皆是震古烁今的博学鸿儒。石经一经出现,就引起金石学家们的强烈关注。学者们不断搜集网罗当时所能见到的所有残石,反复传拓,编印书籍进行著录。例如罗振玉一年之内编纂《汉熹平石经残字集录》9次,其后又不断增补,不断汇总;马衡穷毕生之力,将所收集的汉代石经拓片整理顺序,以文字考订传世文献,终成皇皇巨著《汉石经集存》。在时局动荡的年代,他们依然坚守国粹,面对艰难困苦,他们却毫不在意。面对这些石经,马衡先生曾激动地写道:

"宋人录熹平石经多至千七百余字……不意后八百年,更得此数百字。吾辈眼福实过宋人,何其幸欤!"

除了跃然纸上的喜悦,今人更能感受到当年学者们一心一意传承文明的赤子之心。

随着西方科学的引入,学者们亦开始采用文献学方法对熹平石经进行科学研究。通过将石经内容与传世文献对比后发现,两者文字上的相互龃龉,多因先秦经典以简牍为媒介,简牍一旦散乱,就会"张冠李戴"。可是汉儒各承师法、恪守章句,不敢有所改动,致使文中的错误遗留千年。

汉石经集存

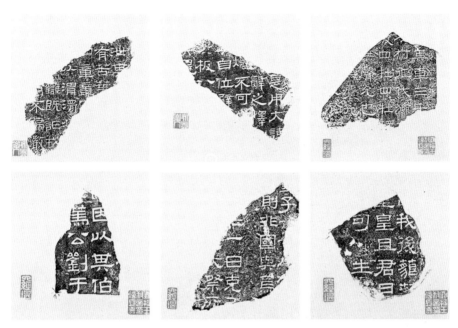

罗振玉旧藏熹平石经残字集存

八百年前的"赵明诚之问"，也因此得以解答。

20 世纪 70 年代，中国社会科学院考古研究所在偃师市佃庄镇太学村展开考古发掘，出土汉石经残石 661 块。它们被妥善安置在博物馆与研究机构，相关研究不断问世，熹平石经迎来了新的生命。这一片片承载着文明的石经，相信终有一天可以团圆。

从这些严整规范的汉隶中，我们看到了华夏文明的坚韧。虽然历经沧桑，但却绵延不绝。

石碑不会腐烂，文明亦当不朽。

(李凯)

# 孔子见老子画像石

溯源定本

### 孔子见老子画像石

馆藏：山东博物馆
质地：石
尺寸：高 48 厘米 宽 111 厘米 厚 21 厘米
年代：东汉

老子

孔子

　　这块来自汉代的画像石上，刻画了春秋时期两位中国思想家的一次会面：孔子带领他的弟子拜访老子。衣袖中伸出大雁头的人像正是孔子，大雁是孔子送给老子的见面礼。手拄拐杖、面向孔子的是老子。

　　"孔子见老子"是汉代画像石的常见题材。画像石是汉代人雕刻在墓室、棺椁、墓祠、墓阙上的石刻艺术品，是汉代人精神创造的真实写照。

武氏墓群石刻博物馆

建筑人物 东汉

　　孔子和老子生活在春秋时期，一位是儒家思想的开创者，一位是道家文化始祖，但他们见面时还并未有儒道之分，更像是后辈向前辈的请教。

　　司马迁在《史记》中详细记叙了其中的一次谈话。孔子前往周都洛阳向老子请教关于礼的学问，老子说："你说的礼，发明它的人，骨头都已经腐朽了，只有他的言论还在。君子时运来临才会出来建功立业，时运不济，则像蓬草一样，苟且性命。去掉你的骄气和过多的欲想，去掉挂在脸上的神采、

孔子见老子画像石

情态和过高的志向，这些都是对于你的身心没有好处的东西。"孔子回去后，三日不语，对弟子们这样形容老子："见到老子，远超出我的想象，他就像变幻莫测的龙一样，无人能识其全貌。"

自汉武帝"罢黜百家，独尊儒术"，儒家思想占据统治地位，却并没有排斥异己。二位先圣躬身互拜的背后，是两种思想的交流与融合。汉代人把这个场景刻在砖石之上，置于兆域之中，为的则是铭记和传承。人类文明因交流互鉴而丰富多彩，民族文化因铭记传承而绵延不断。"君子和而不同""有朋自远方来不亦乐乎""天下万物生于有，有生于无""祸兮福之所倚，福兮祸之所伏"。

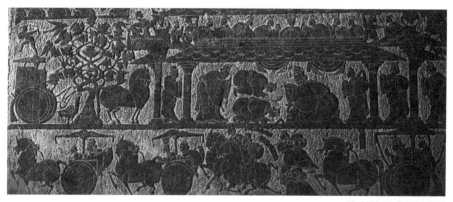

武氏祠汉画像石刻 东汉

公元前600年至公元前300年间，古代希腊、古代印度和中国都先后产生了伟大的思想家。苏格拉底、柏拉图、释迦牟尼、孔子、老子等先哲，他们的智慧与人类相遇，构成了多元的世界，这一时期是人类文明的轴心时代。孔子和老子，儒家、道家，他们的哲思就像两条河流，它们交汇，它们奔腾，它们也流淌在我们的血脉中。孔子和老子的相遇时刻都在发生着，它就是你和世界的相遇，你和你自己的相遇。

## 孔老相会——刻在石头上的先圣美德

孔子是儒家思想的创始人，老子是道家学派的始祖，两位伟大思想家的会面，被记录于史籍之中，镌刻在石块之上，影响了后世千年。尊老敬贤的礼仪、切磋学问的风气、汉人对儒家思想的推崇，都凝聚在这方画像石上。

画像分为上下两层，上层是"孔子见老子"像：画面右边有二人相对，躬身行礼，根据榜题，右边一人为孔子，左边一人为老子，孔子与老子中间有一小儿，一手推蒲车，一手指向孔子，多被认为是神童项橐。孔子身后有两人作相对状，左边那人头戴雄鸡冠，应为孔子的弟子子路。画面左边还刻有八人，左七人一列向右侧面而立，居前一人身材矮小，佩剑，面前一人作恭迎之状。矮小人物上方有一榜题，有学者辨识为"晏子"。下层是骑兵弯弓射箭的战争场面。

汉画像石中，"孔子见老子"图出土了大约30余幅，主要集中在山东、江苏、陕西三省，河南、四川两地也有零星发现，其中尤以山东地区的发现最为密集，当与此地是儒学的发源地有关。各地的图像虽然因为石料粗细、雕刻技艺、审美趣味等因素不同而在构图形式上有所区别，但主要人物及其形态较为固定，形成了程式化的图像：孔子躬身向老子行礼，手中或袖中有一只大雁，老子拄杖相迎，躬身还礼，项橐站在两人之间，面向孔子，一手推独轮车，一手指向孔子。其中大雁是见面时的赠礼，见于《仪礼·士相见礼》"下大夫相见以雁"，这一细节的刻画，正是对周礼的反映。小儿项橐的出现，则是源于"项橐三难孔夫子"的典故。《战国策·秦策五》记载："夫项橐生七岁而为孔子师。"据说项橐是春秋时期鲁国的一位神童，他问了孔子三个问题，孔子竟然没有答对，于是孔子拜项橐为师。画像石中项橐手推的独轮车，被学者考证为孩童玩耍的"蒲车"，工匠刻画这个玩具，意在表现项橐的年龄。而他手指孔子的动作，应该就是在向孔子问难。项橐虽然只有七岁，孔夫子依然把他当作老师请教，因此汉代工匠将项橐与老子安排在同一侧，共同接受孔子的拜见，体现出孔子不耻下问、虚心求教的精神。

孔子与老子的会面是著名的历史事件，史称"孔子问礼于老子"或"孔老相会"，在文献中也有诸多记载。《礼记·曾子问》记载孔子曾四次向老子问礼。《庄子·天运》《吕氏春秋·当染》《孔子家语·观周》《史记·老子韩非列传》《史记·孔子世家》《水经注·渭水注》等不同历史时期的文献都记有二人相见之事。而大量发现的汉画像石则更加佐证了这一事件的真实性。"孔子见老子画像石"分布范围广大，说明这个典故在两汉时期流传甚广、深入人心，得到了人们的认可。

孔子见老子画像石宣扬的是以孔子为代表的尊老敬贤、谦虚好学的儒家思想美德与精神。两位先贤躬身互拜、以雁为礼的谦敬之姿，是中国传统礼仪文化的写照。孔子向老子与项橐请教，是儒家所提倡的虚心好学之风的反映。值得一提的是，除

了老子和项橐，这方画像石中出现的晏子也曾为孔子的老师。《晏子春秋》记载："丘闻君子过人以为友，不及人以为师。今丘失言于夫子，夫子讥之，是吾师也。"孔子问礼于老子、被项橐问难、与晏子见面，并非发生在同时同地，汉代工匠将它们合并在同一场景中，是再次强调孔子的好学精神。

孔子见老子画像石是儒道两大思想派别相互交流、相互补充的历史见证。儒家与道家虽然有不同的思想主张，但并不是互相排斥的关系，相反，儒家与道家在两汉时期交流融合，共同成为汉代人民的精神信仰。西汉初统治者奉行"无为而治"的道家思想，汉武帝时虽然接受董仲舒"罢黜百家，独尊儒术"的建议，但此时的儒术是融合了道家、阴阳五行等学说的"新儒学"。追求长生不老或死后得道升仙的道家思想依然在民间具有影响力，并渗透进社会的伦理纲常，形成土生土长的道教信仰。儒道两家的交流互补是中国思想文化的重要内容，而它的开端就是孔子与老子的会面。

　　儒道的交流共存在画像石上也有所反映。画像石是墓室与祠堂、阙等地面建筑上的雕刻装饰，是为丧葬礼俗服务的艺术形式，寄托着墓主人对死后的追求与向往。汉画像石中西王母、东王公、羽人等神话形象，即是道家希冀长生不老，羽化登仙思想的表现。而与这些升仙图像共出的、包括孔子见老子图在内的历史故事图像，则体现的是儒家思想的教化意义。

　　历史故事图像在墓中出现的意义是"恶以诫世，善以示后"。图像题材包括圣明君主、圣贤明臣、孝子、列女等符合儒家道德要求的历史人物，用儒家道德规范来教育后人。汉人将"孔子见老子"图雕刻进墓室，一方面反映了人们对儒学的崇敬和虔诚，通过先圣的故事表明自己具有或崇尚追求同样的美德，并希望把这种美德带入死后世界；另一方面用以垂教后世，望子孙后代能够铭记传承先贤的道德操守，将儒家思想发扬光大。

（王雨夙）

# 长信宫灯

## 来自汉代的一束光

### 长信宫灯

馆藏：河北博物院
质地：铜鎏金
尺寸：高 48 厘米
重量：15.85 千克
年代：西汉

看见这盏灯，仿佛能够看见被它照亮的时代。一位西汉宫廷女子，眉眼细长，脸型圆润，头上佩戴巾帼，身穿曲裾深衣，跽足而坐。两千余年，她未曾挪动一步，却从西汉启程，带来遥远的一束光明。她为灯而生，两手持握灯盏，向前投射光亮，身体是烟尘的容器。想象着她的温度，如同感知到久远的温暖。光阴长短如灯火明灭。

鎏金羊灯 汉

1968 年，在河北省满城县城西三华里的陵山上，先后发现了两座汉墓。窦绾是汉文帝皇后窦氏的侄孙女。当墓葬中散落的铜构件被重新组合后，擎灯侍女安然沉静的表情从尘土中浮现。铜灯内外刻记的多处铭文讲述着它经历的复杂流转。"长信尚浴"，这盏灯曾在长信宫的浴室里使用，长信宫灯由

鹿灯 汉

错银铜牛灯 汉

此得名。这些铜灯点燃过汉代的暗夜，映照出人心美丽的憧憬。层出不穷的样式中，釭灯最为奇妙。釭灯造型多为动物或器具，长信宫灯是唯一已发现的人形釭灯。

一件宝器，一位佳人，从此执手，互为你我，艺术家完成了卓越的设计。女子左手托起底座，右手宽大的袖管自然下垂，扣住托盘，成为灯罩，灯盘上立有两枚遮光片，盘边设有手柄，开合与转动间，可以控制光的照度和角度。

西汉时，人们常用动物脂肪制作燃料，燃烧时黑烟弥漫，气味难闻。釭灯内部的空腔是汉代人实现环保的诀窍。灯点燃后，烟随热气流顺衣袖进入

空腔，过程中温度逐渐下降，烟炱便附着在内壁，避免弥散，保持空气清洁。灯体的组合部件可以拆卸，底部开敞，便于清洗内

部。控制光亮，这寻常的需求被创造出超凡的精致，在灯盏明灭、烟雾婉转中，我们见证前人的心意与考量。时间似光，生命如烛，长信宫灯带来灵动的光亮。

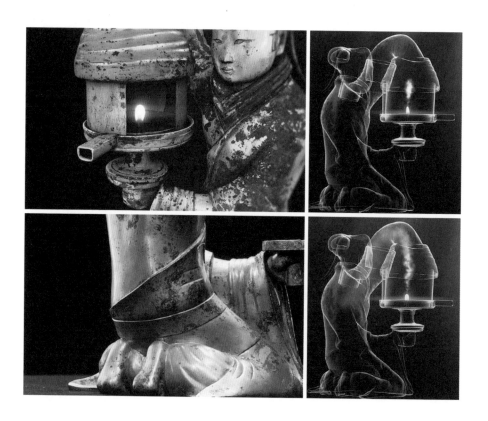

**万物争奇的汉代灯具**

作为生活在现代科学文明中的我们，享受着光电技术带来的黑夜下的灯火通明，因此愈加难以想象，在远古时期的洪荒原野下，夜幕降临后，人们将面临着怎样未知而可怖的情境。然而我们的祖先最终通过智慧习得了钻木取火，获得了火种，并以此烹饪、防卫、照明，人类也因此取得了更多享受光明的权利。

然而，人们经历了漫长的时间才最终发明出了专用照明的工具——灯。根据现有资料看，我国最早的灯具约出现在春秋时期，但这个阶段的照明工具还比较简单。人们可能是受到当时某些饮食器具，比如"豆"的影响，故将其进行改造，或直接在陶质或青铜豆上燃烧动物脂来照明，由此延伸出了"灯"的概念及功能，并逐渐发展出了种类丰富的各式灯具。

古代的灯具多为陶器、青铜器，也有少量铁或石质灯具。到了两汉，青铜灯成为主流，尤其是皇室、贵族阶层普遍使用铜灯。汉代铜灯样式极其丰富，有一些延

鎏金羊灯

续传统的器皿造型，如简单的盘形、豆形灯，或主体为三足鼎造型的灯；但更加精彩的是那些惟妙惟肖的仿生动物形灯具，比如西安博物院所藏鎏金羊灯，造型为一尊跪卧的雄健山羊，双角螺旋内卷，颔首直颈，气质安详又不乏端庄，合上灯盘，俨然是一件美轮美奂的雕塑摆件。然而若把羊背掀起，便能打开灯盘于羊头上，开启它的照明功能，可谓一举两得，既能作为纯艺术作品进行观赏把玩，也具有较强的实用功能。其他的仿生形汉代筒灯还有牛形灯、朱雀灯、雁鱼灯等，这些灯具造型皆惟妙惟肖，刻画雕镂细致，工艺精良，多出土于贵族墓葬中，并作为重要的随葬器具。而人物造型的灯具在当时实为罕见，除了"长信宫灯"以外鲜有发现。汉代灯具的设计结构显然比前朝更加科学、复杂，其中代表最高科技水平的要数"釭灯"。而"长信宫灯"作为西汉"釭灯"中的杰出佳作，且因其独有的人物造型，不仅代表了当时青铜灯具工艺技术与艺术的最高水平，更是两汉物质文明史中的一枚珍奇桂冠。

## 设计师的奇思妙想

什么是"釭灯"呢？简而言之，就是那些身体上带有长长烟管的灯具。这种设计的灯具最早流行于汉代，一般由灯盘、灯罩、导烟管和承托器组成。其中有一些是模仿古代青铜鼎样式制作的。如扬州市博物馆藏的西汉"錾刻龙纹铜釭灯"，满城汉墓出土的"三足鼎形带罩单管釭灯"，下部承托器皆为三足鼎造型，鼎上有托盘带手柄，托盘上有可转动的灯片两枚，灯盖上部分别连接一双或单个釭管，釭管另一端又联通底部承托器。同样结构的汉代动物形釭灯更加精美，其中尤以南京博物院藏"错银铜牛釭灯"和出土于山西平朔西汉墓的"水禽衔鱼釭灯"最为出色。

而与之相较，长信宫灯的设计则更加自然天成，制造者将宫女的衣袖设计成釭管，使之看上去完全是一个持灯女子的造型，并无赘物。因此该女子本身既是一位点灯

鎏刻龙纹铜釭灯

三足鼎形带罩单管釭灯

错银铜牛釭灯

水禽衔鱼釭灯

照明的宫闱仕女，而跳出本体，她也成为了宫灯必不可少的重要组成部分，被观看和注视。"持灯"作为一种行为，被赋予了更加复杂的功能性和观赏性。

## 墓冢中的微光

关于墓葬中的灯具，细想起来别有意味。它们中大部分曾伴随着墓主人度过了生前很长一段时光，在主人客房、卧室、书房或是浴室的一角，在每个暗夜中，默默履行着照明的职责。它们多半是主人的"爱宠""佳器"，有的是皇帝命官府作坊专门订制，有的辗转几番，作为赏赐珍宝被赐赠予多个主人。拿"长信宫灯"来说，它曾侍奉于窦太后长信宫的浴室中，而发掘时它出土的墓葬主人——窦绾，为窦太后的孙子中山靖王刘胜之妻，她本身也可能与窦太后有一定的亲缘关系。也许是在刘胜和窦绾的新婚燕尔之时，窦太后心怀喜悦与祝福，慷慨地将自己珍藏多年的私人用物馈赠于窦绾作为贺礼。而这件珍贵的礼物也一直伴随了窦绾的一生，并在她香消玉殒之后照亮了她通往另一个世界的黄泉之路。

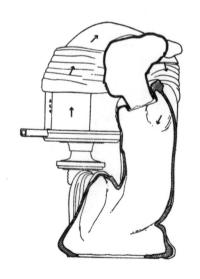

因此,长信宫灯的实际价值,除了具备一个普通灯具应有的实用功能和审美价值以外,更是体现了当时皇亲贵族间密切的亲缘关系和礼仪交往细节,同时也是刘胜夫妇受到以窦太后为代表的最高皇权的承认和肯定的表现,是一具精美的汉代"活化石"。

墓室中随葬灯具,除了由于墓主人生前十分喜爱,希望永久地占有它以外,还因其"照明"的特殊功能而被放置。待墓室封闭以后,整个墓冢将无限地沉浸在寒冷的黑暗中,伴随着的就是死亡带来的凄凉和阴森恐怖之气,而能够给人带来光明和温暖的灯,应被赋予了丰富的希望和想象,希望可以照亮死者在另一个世界中自如地生活。

(彭晓云)

# 素纱单衣

云想衣裳

# 素纱单衣

馆藏：湖南省博物馆
质地：丝绸
尺寸：长 128 厘米 宽 190 厘米
重量：49 克
年代：西汉

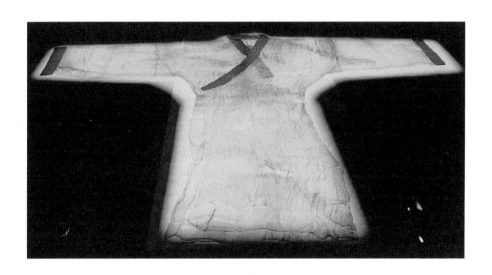

　　两千多年前的一天，西汉长沙丞相利苍的妻子辛追夫人下葬，贴身侍女
挑出她最喜爱的几件衣服，仔细叠好、封箱，放在她的棺木旁。

　　这一件是她的最爱。它没有衬里，轻薄、通透、柔软、神秘。可以想象，
当辛追夫人把它套在各种华服的最外面，华服上艳丽的纹饰在这层薄纱下若
隐若现。她走到哪里，哪里就是宴饮聚会的焦点。这，就是素纱单衣。两千

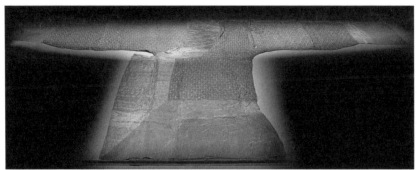

印花敷彩纱丝绵袍

朱红菱纹罗丝绵袍

年前的中国人已经在创造这样的朦胧之美。直到今天，它透露出的韵味一直吸引着后人去追寻它的绝代芳华。

清华大学教授、服装设计师李薇说："交领、平肩、宽袖，然后直身，它不强调合体，但服装和人体之间有一种叫内空间，它有空气在流动。"

马王堆汉墓的发现，让人们看到一座汉代文化的宝藏。因为墓主人的贵妇身份，这里又好像是发生于地下的一场汉代服装秀。1972 年到 1974 年，这里一共出土了数百件汉代丝织品和衣物，其中最令研究人员感到惊叹的就是素纱单衣了。但在地下埋藏了两千年后，蝉翼一般轻透的素纱单衣已经非常脆弱。今天的人们，只能尝试通过复制来再现它起初的样貌。

整件衣服长 1.28 米，两袖通长 1.9 米。即使算上纹锦镶边的衣领、衣袖口和衣襟边缘，整件衣服一共只有 49 克。南京云锦研究所正在第二次尝试复

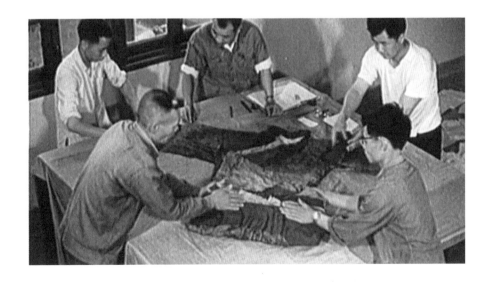

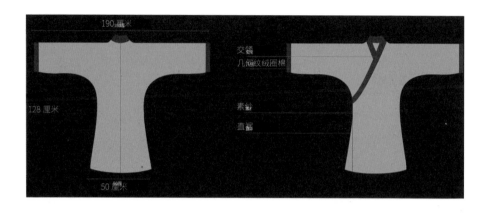

制，因为之前制作的复制品总是比素纱单衣要重。经过更深入的研究发现，素纱单衣的蚕丝纤度只有11.2旦，也就是说，制作素纱单衣的丝，每9000米只有11.2克。而今天最高级丝织物的纤度也要14旦左右。原来，经过千年进化，现在的蚕越发健壮肥胖，吐出的丝也就粗了很多，蚕宝宝即使想瘦，却已经回不到当年细若游丝的身形了。西汉之后长达一千多年的时间里，西方人一直把中国称为"赛里斯国"，意思是"丝来的地方"。这些丝，穿梭着经纬，也织就着一个民族独特的气质。

衣着会让人们找到自己。安安静静交叉的领子，直身的、不合体的形制，让素纱单衣在穿着的时候，出现了很多随机的线条。这样的衣物并不捆绑着

身体，相反，穿上它的人，神采可以随着衣裳起舞，自在地飞扬。

正如李薇所说："它是自由的，人体在里面也是自由的，人洋洋洒洒的，很自在、很心定，我认为它是一种自由。"

礼仪之大，称之夏；章服之美，谓之华。素纱单衣是属于那个时代的，却仍然在影响着两千年后的中国人。它是中国服装史上的千古传奇，但又与今天的生活并无沟壑。因为，它就是属于中国人的自由浪漫的样子。

## 贵妇的华服靓妆

公元前 169 年的某一天，时年 50 岁的长沙轪侯利苍的妻子辛追正在餐桌前悠闲地品尝应季的新鲜甜瓜。长期优渥的生活和喜静少动的习惯，使得她在这个年纪已经患上了严重的冠心病、胆结石，而毫不知情的她竟在吞下了最后一颗甜瓜子后，因胆绞痛引起了冠心病发作，并在很短的时间内命丧黄泉。

辛追夫人去世后，得到了丰厚的丧葬礼遇，她的尸体被完整、考究地保存在墓葬的中央棺椁中，被封土层、夯土层、白膏泥层层封裹，以至于在千年后出土时皮肤还柔软有弹性。木棺的四周随葬有丰富的各式物品，如漆器、竹简、陶器、木俑、服饰等，其中随葬品中的丝织物堪称精绝，包括纱、绢、罗、锦、绣、绮、麻布等各类材质。

根据用途分类，这些丝织物包含有服饰如单衣、长袍、半裙、袜子、丝鞋、手套、香囊、绢帽；另有一些生活寝具如枕头、枕巾；还有一些特殊配饰，比如辛追头上与真发缠绕在一起盘于头顶的黑丝假发等。结合墓葬帛画中所绘辛追夫人站立像以及后世的复原相貌图我们可以想象，这名地位显赫的长沙轪侯夫人在生前应是一位面相柔和圆润，身

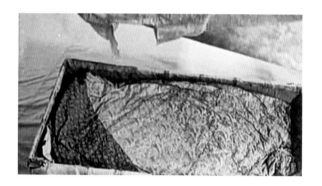

马王堆一号汉墓 T 形帛画中辛追夫人画像线描图

形娇小的中年妇人，平日尤其注重衣着外表，丈夫的宠爱及丰厚的家产，使她总是拥有令人艳羡的万般华服绣章。每逢重要场合，她便穿上饰满繁缛纹样的及地长袍，外罩轻薄单衣，脚踩青丝双尖翘头方履，腰中悬佩宝珠和香囊，云鬓间加饰黑丝假发盘作高髻，并插数支发笄，仪容端庄，华贵自然流露。殊不知，这身举首投足间的薄纱绣锦，定格了那个时代江南织造业的最高水准，而"素纱单衣"，更是其中难以复制的绝品。

## 招魂复魄悬素衣

之所以称其为"绝品"，因为马王堆汉墓所出土的这两件素纱单衣实在轻薄到现代缫丝工艺难以企及，用"薄如蝉翼""轻若烟云"来形容毫不为过。直到1990年，湖南省博物馆联合南京云锦研究所共历时13年，才最终复制出了一件重量为49.5克的素纱单衣，但仍比原件重0.5克。素纱单衣成为了名副其实的"世界上最轻薄的衣服"。

这件又瘦又窄的曲裾长衣到底是如何穿着的呢？主流观点认为是用于穿在色泽艳丽的锦袍之外，使得衣着看起来更加幻化朦胧，富有层次感。另一种观点则认为素纱单衣尺寸太过窄小，用于罩在宽大的锦袍外太过拘谨，它除了可能作为日常实用的衣物之外，还可能是专为丧葬礼仪而生产的冥服，在祭奠鬼神的仪式时用以招魂引魄。

秦汉时期，人们相信魂魄是人的精神。当逝者刚刚离世之时，他的魂魄就会离开肉体，在附近徘徊。这时举行召唤魂魄的仪式，希望刚死之人复生，这一仪式称之为"复礼"。《礼记》中记载：为妇人举行复礼时，不能用她婚嫁时所穿的礼服，需用专门的"复衣"进行，复衣多半为死者生前用物，也有特制的祭服。行礼前，众人统一对遗体哭丧致哀，行礼时，须由主事者持衣物去死者生前居住地或常到的地方招魂呼喊，但全程不可呼其名，只能喊其字。而辛追墓中这两件素纱单衣究竟是生前所穿衣物，还是专为丧葬礼仪特制，我们不得而知。但如此神工巧妙的单衣随葬在墓中，一定是寄托着辛追的家人对其深切的缅怀和崇高的致意。

## 楚地的纺织赞歌

先秦至汉代，楚地经济发达，手工业繁荣兴盛，纺织业作为重要的手工业门类，在当时已达到相当高超的技术水平。从出土情况看，自20世纪50年来以来，我国湖南、湖北、四川等地的许多墓葬中陆续出土了不少这个时期精美的纺织品，如1982年，湖北省江陵马山1号战国楚墓出土的衣物几乎包括了先秦丝织品的全部品种，包括锦袍8件、单衣3件、夹襦1件、单裙2件、绵袴1件、鞋履3双、假发1件、纱帽1件等，所有衣物以绢为主要材质，辅以锦、纱、罗、绦等，色彩有深黄、浅黄、灰白、耦色、红棕、深棕、紫红色等，其出土丝织品工艺之精美、品级之高贵，足以与马王堆一号汉墓中的同类织物相媲美。

飞鸟花卉纹绣浅黄绢面绵袍 马山1号墓出土　　　飞鸟花卉纹绣浅黄绢面绵袍 复原图

楚地之所以在古代拥有如此发达的织造业，得益于其得天独厚的自然资源和良好的政治、人文环境。该地沃土良田丰裕，为农作物和经济作物提供了优越的生长环境，且江南水路发达、交通便利，利于产品运输，为丝织品的普及起到了推动作用。从总体的政治环境上看，楚地统治阶层较为注重手工业、经济的发展，且成为高档纺织品的最大消费宗主，他们与生俱来的浪漫、热烈、舒缓的性格，以及充满了想象力和神秘色彩的楚地文化，共同孕育了像"素纱单衣"这样缥缈、虚幻而又尊贵优雅的丝物传奇。

（彭晓云）

# 二十八宿圆盘圭表

周而复始 如期而至

## 二十八宿圆盘圭表

馆藏：阜阳市博物馆
质地：漆木器
年代：西汉

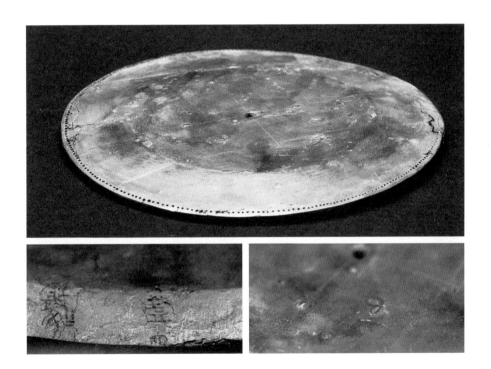

　　天上本没有刻度，看的人多了，便划分出二十八星宿。漆木圆盘边沿刻有星宿名称和距度。另一只圆盘，盘面标示北斗七星，边沿一圈 365 个小孔。两盘正中钻同心圆孔。

中国科学技术大学的石云里教授向我们介绍它的使用方法："这是我们根据汝阴侯墓出土的这组漆器做的复制件。在用的时候应该是把它重叠到一起。原来中间应该有一个像指针一样的东西。怎么用它来进行观测呢？关键是，同墓出土的另外一件东西。它看上去像盒子一样，（经过折叠）就形成了这样的一个结构。这个盘，它正好可以卡在这个位置。这样还不够稳定，可以用一根丝线进行固定。"

星盘配合支架角度，支撑在阜阳，盘面平行于赤道面，指针指向北天极，和地平面的夹角正是当地纬度。

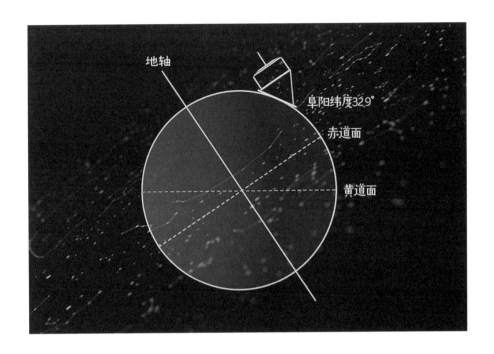

地轴

阜阳纬度32.9°

赤道面

黄道面

二十八宿如同撒在天空的坐标，不均匀划分周天 365 度。可测量天体的赤道经度，记录日、月、五大行星的位置变化。

安徽博物院的工作人员说："这是根据二十八宿盘的使用原理，结合一点现代手段，做的一个演示装置。这个指针在天球上穿过星体 A，对应一个小孔，插上一根小针。转动我们的视线，通过星体 B，这个相交的地方，插上一根小针。这两个针之间，有多少个小孔，就代表相距度数。这样的观测对于中国古代历法的发展来说，是至关重要的。"

日复一日，年复一年，先民仰望天空，低头思量。看似简单的初始，经过数千年积累数据，改进工具，人们探索宇宙运行的规律。

  2018 年夏至这天，安徽博物院的工作人员给我们演示："这是汝阴侯墓当时出土的另外一件漆器。在使用的时候，可以把它打开，将立耳竖起来，与这个小棒配合使用。主要是用来测量四个最重要的节气。"

  夏至，北半球太阳照射角度最高，日影最短，白昼最长。春分、秋分，

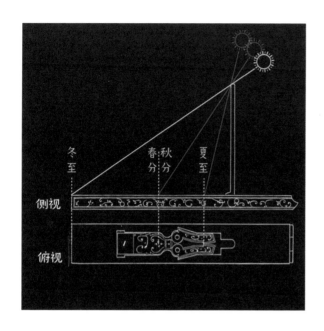

昼夜平分。冬至，日影最长，白昼最短。再一次夏至到来时，太阳经历一个回归年。结合月亮盈亏周期为一月，差值每 19 年增加 7 个闰月。

以天文定历法，观察气象、物候，汉代人将一年分成二十四节气、七十二

圭表 1977 年

圭表 2018 年

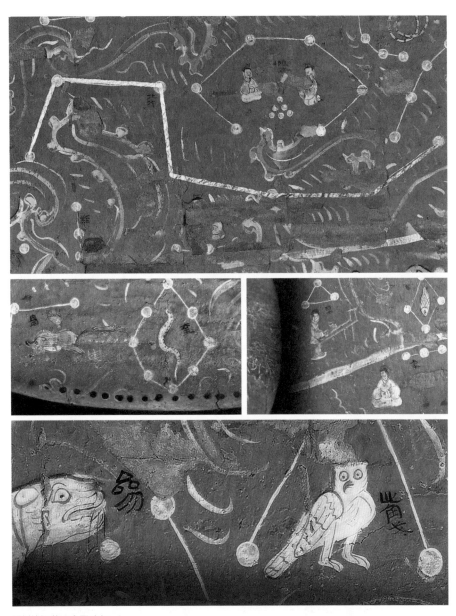

渠树壕汉墓天文图 东汉

渠树壕汉墓天文图 东汉

候。春种、夏长、秋收、冬藏，应天顺时，耕作有节，黎民生活有保障，农业文明基石得以建立。这份阴阳合历，沿用至今。

木已腐朽，漆皮残存。时空，仍在漫天繁星中延伸。太阳，不过是这两千亿颗亮点中的一粒。天行有常，周而复始，如期而至，是为天地之信，以利万民，生生不息。

## 至信如时

"清明前后，栽瓜点豆"是一句我国北方地区妇孺皆知的农业谚语，之所以要在清明节气前后栽瓜点豆，是因为清明前后的地温适合种子发芽，根据它们的生长期，高温多雨季节到来时，正好能满足它们的生长需求，种得过早过晚都对其成熟不利。因此，清明前后是瓜果类播种的最佳时机。这种类似的谚语还有很多，例如"清明忙种麦，谷雨种大田。""棉花种在谷雨前，开得利索苗儿全。"这都反映了我国农业文明的特色。

二十四节气是我们的先民在中国传统历法的创作和实践经验中总结出来的。对于以农业为主的古代中国来讲，农业生产活动的时间节点特别重要，短短几天可能就决定丰收与否，决定一家人或饥或饱的生活。回顾中国历史上，有多少王朝倾覆于饥荒和流民起义，说农业时节决定了一个王朝的命运也不为过。农业生产需要严格了解太阳运行情况，农事完全根据太阳进行，所以在古代历法中又加入单独反映

河南登封观星台

太阳运行周期的二十四节气。中国古代利用圭表这种古老的天文仪器确定节气。圭表由两部分组成，垂直于地面的标杆或石柱称之为"表"；平行于地面正南正北放置，用于测量影子长度的刻板叫作"圭"。小型的圭表只有几十厘米长，可以随身携带，而河南登封的观星台是一个砖石混合的大型圭表，台体高达 12.6 米，地面石圭长 31.2 米。这些圭表无论大小，都是通过测定正午的日影长度来确定节气。每年日影最长为"日长至"（又称长至、冬至），日影最短为"日短至"（又称短至、夏至）。这些时间节点是根据太阳光线与地球夹角决定的，这就确定了不同节气与温度之间的关系，从而为生产活动提供了可靠的依据。

而无论是阳历还是阴历，都要面对闰月校对的问题，因为一年的天数不是整数，偏差积攒多了就需要矫正。而这种单纯依靠太阳的测量方式则是相对固定的，依靠节气进行农业生产就不会出现过早或过迟的现象。由于是实践经验摸索得出的方法，因而古代民众对节气历法也是深信不疑。《礼记·乐记》载："天则不言而信。"郭店楚简《忠信之道》也有"至信如时，必至而不结"的记载。人们与时间虽无约定，但其每每如期而至，循环往复地指导农业，没有终结。这是先民对节气恪守规则、从不失信的赞扬。

除了农业生产，先民还把这种独具中国特色的节气历法运用到同样独具特色的生肖属相轮转中。很多人都认为生肖属相的转换是从农历新年也就是春节开始的，虽然春节是农历新年，但这并不是属相的更替节点。因为正如我们前面提到的，无论是阳历还是阴历纪年都存在闰月的问题，如此一来，十二生肖的属相就会存在概率上的不统一，有闰月的那年属相人数就会变多。而真正的属相更替是从立春开始的，如此以来每一年的长度都在 365.25 天左右，每个属相人数上基本都统一了。由于立春有时在春节前，有时在春节后，所以属相并不能和出生年份完全对应。

与此同时，正因为古代先民有了"至信如时"的观念，进而使得测量时间的工具——圭表，也成为诚信的象征。春秋战国时期，诸侯和卿大夫为了巩固内部团结、打击敌对势力，经常举行盟誓活动，而盟誓活动所签订的契约就被称为盟书。盟书通常一式二份，一份藏在官府，一份埋于地下或沉在河里，以取信于鬼神。侯马盟书是20世纪60年代出土于山西省侯马市晋国遗址的春秋晚期盟书，是晋定公十五年到二十三年（公元前497~前489年），晋国世卿赵鞅同卿大夫间举行盟誓的信约文书。侯马盟书是用毛笔书写在玉石片上，字迹一般为朱红色，少数为黑色。这些书写盟书的玉石片绝大多数呈圭形，最大的长32厘米，宽近4厘米，小的长18厘米，宽不到2厘

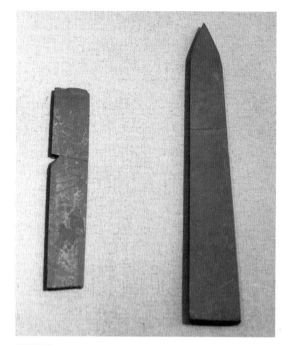

侯马盟书

侯马盟书摹本

米。对于盟誓活动而言，比盟书本身更重要的就是誓约双方能否信守承诺，持之不渝。将这些盟誓之言书于玉圭之上，正是想借用玉圭作为计时的工具其背后所带有的"至信如时"的诚信观念，以此来提高盟誓活动的可信度。

2016 年 11 月 30 日，中国"二十四节气"被正式列入联合国教科文组织人类非物质文化遗产代表作名录。这是全世界人民对我国古代先民智慧的认可。而时至今日，我们常用的成语"奉为圭臬"中的"圭"字指的正是测量日影的圭表。中华文明几千年源远流长，塑造和影响着我们的生活，也在我们的言谈举止间、日常习俗中处处流露，代代相传。

（魏镇）

# 狸猫纹漆食盘

## 漆盘上的喵星人

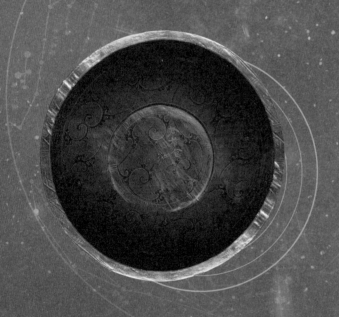

## 狸猫纹漆食盘

馆藏：湖南省博物馆
质地：漆木器
尺寸：高 6.2 厘米 口径 27.8 厘米
年代：西汉

公元前 202 年，汉朝建立，天下和平，社会气氛积极向上。长沙丞相家中出现了一种纹样独特的盘子，它就是狸猫纹漆食盘。

圆圆的眼睛，胖胖的身体，尖尖的耳朵，与我们今天的家猫并没有太大差异，但它的出现并不简单。

前爪稳稳落地，保持绝对的安静，两只耳朵竖起，进入警戒状态，尾巴高高翘起，预示着尚未驯服的野性。朱砂勾画双眼，目露凶光，说明它是个狠角色。

猫这种憨态可掬的形象，在汉代之前并不多见，比如西周时期的伯矩鬲，它的腹部装饰着牛头，看上去威严庄重。这种设计思路曾长期占据古典时代，力求表现拥有者的权威。

但是一进入汉朝，一切都改变了。经历过大分裂的国家，刚刚从战乱中苏醒，人们所制造的器物，无不洋溢着朝气蓬勃的精神。

狸猫纹漆食盘上的猫

对称造型 眼神惊悚

庄严肃穆

文字很多

西周伯矩鬲

狸猫纹漆盘上只有简单的三个字："君幸食"，翻译成现代语言，就是"吃好喝好"。可爱的猫，简单的字，实用至上，兼顾美观，一个新兴国家的形象跃然而出。原本不登大雅之堂的猫，大大方方地栖息在贵族的餐盘上，呼吸着新时代的空气。

画面上正中央的女子，就是狸猫纹漆盘的拥有者之一辛追夫人。这张照片是根据科技手段复原的头像。她的生活可能并不快乐，丈夫在她青年时代去世，晚年又失去了儿子，本人也患有冠心病和胆结石。从现代人的角度来看，狸猫纹所代表的长寿安康，并未在辛追的人生里完全实现。

君幸酒云纹漆耳杯

君幸食漆盘

马王堆一号汉墓 T 形帛画中辛追夫人画像

辛追夫人复原图

但是，正是因为它的选择和使用，我们才得以见到，如此圆润的弧度，黑红二色的和谐搭配，具有强烈写实风格的绘画艺术，这三者完美结合于一方盘子上，呈现着一位汉代女子的"小确幸"。

简单的祝福，可爱的喵星人，或许能让孤独的辛追夫人感到一丝温暖，在吃饭的时候想起家庭团圆的温馨时刻。"君幸食"三个字，与用户直接对话，赋予餐具以人文关怀。

君幸食，请您吃得开心。我们也愿用同样的话，送给每一位热爱文物的观众，祝你每天都吃得开心，吃得舒坦。

## 考古喵星人

猫作为现代社会最受喜爱的宠物之一，具有一般动物所没有的与人类的亲密关系。它拥有漂亮的外表，健硕的形体，以至于走路的姿势都被模特们借鉴为"猫步"。如此可爱的猫进入人类社会的历史并不长，在人类目前拥有的上百万年的历史中，猫只陪伴我们走过很短的一段。

作为一个物种，猫自身拥有很长的历史，但是在很长的时间内它并没有与人类发生共生关系，真正走进我们生活中的猫则是经过驯化的家猫。最早的与人类共生的猫发现于 2004 年，考古学家在位于地中海的塞浦路斯岛发掘出了一座距今 9500 年的猫与人的合葬墓。在同一个狭小的墓坑中，离成人遗骨仅 40 厘米处，有一只 8 个月大的猫的遗骸。猫的头向西放置，与人的摆放位置一致。通过对这只猫的形态特征和骨骼、牙齿大小进行测量与比较分析，科学家认为它比起现代家猫，更接近非洲野猫。这是人类与猫共存的最早的证据。

除了考古发现，还有一些科学家运用生物科技手段对家猫的起源进行研究。科学家德里斯科等人收集了 979 只野猫和家猫的 DNA 样本，并且对这些样本进行研究分析，鉴定出了 5 个地理上不同的进化枝，分别是主要分布在欧洲的欧洲野猫，中国的荒漠野猫，中亚的亚洲野猫，非洲南部的南非野猫和近东的非洲野猫。其中，非洲野猫和家猫分享了同一个进化枝。说明生活在近东的非洲野猫亚种是家猫的祖先，家猫的起源地在近东地区。这也与考古发现的结果相近。

家猫的驯化有着极其复杂和漫长的过程，

古埃及壁画中的猫

特别是在初期，其生物特征很难被分辨出来。但是进入人类历史时期之后，很明显有越来越多的证据证明它们的存在。现在一般认为，古埃及是驯化猫较早的地区，埃及新王国时期（开始于约 3600 年前）的绘画作品为我们提供了已知最古老、最可信的猫已经被完全驯化的证据。画作中的猫通常安坐于椅子下方，有时戴着项圈或拴着绳套，还经常从碗中进食。这类题材的画作在那个年代相当多，意味着猫那时已是埃及人家庭中的常见成员了。

值得一提的是，在古埃及的诸神中有一位极其特殊的猫首人身女神——巴斯特神。她是布巴底斯地区的女神，喜爱音乐与家庭之神，太阳神的女儿。她性格复杂，既是温和的母猫巴斯特，当她脾气爆发时又是凶猛的母狮塞赫美。这与猫的性格多么相似。在古埃及坟墓当中，巴斯特神负责守护坟墓主人的安宁。

一般认为中国的家猫在 2000 年前从欧洲传入。但在距今 5300 年的陕西华县泉护村遗址，考古学家发现了猫的踪迹，经过辨认和科学测定，发现其尺寸小于欧洲野猫而与欧洲家猫相近，表明泉护村发现的猫应该是经过驯化的。通过对泉护村遗址人、猫、鼠的碳氮稳定同位素分析，清晰显示出它们都摄取了一定量的 $C_4$ 类食物，表明它可能主要在人类生活垃圾中觅食或受到古人的长期饲喂。

但是除此之外，秦汉之前关于猫的考古发现尚不多见。《礼记·郊特牲》载："古之君子，使之必报之。迎猫，为其食田鼠也，迎虎，为其食田豕也，迎而祭之也。"此处描述天子"蜡祭"情况，猫、虎为迎祭对象，因猫食田鼠，虎食野猪，皆有益于田间作物，故而将其视作神灵来加以报答。但是此时文中的猫尚无法证明是现代意义上的家猫，而很有可能是野生的狸（猫），因而与虎并提。到了汉代，东方朔曾说"骐骥、绿耳、蜚鸿、骅骝，天下良马也，将以捕鼠于深宫之中，曾不如跛猫。"深宫之中的猫显然已经是被驯化了的。除了马王堆漆食盘上发现的猫形象，甘肃磨嘴子汉墓中也曾发现猫形象的木雕。除此之外汉长安城遗址、北京大葆台汉墓等考古发掘中也有猫的身影。

佛罗伦萨埃及博物馆藏猫木乃伊

甘肃武威磨嘴子汉墓群出土猫形木雕

　　猫在中国古代社会中的地位是逐渐提升的。很多人曾疑问为什么十二生肖中有老鼠却没有猫，这个原因很简单，那就是在十二生肖形成的过程中，猫在人们的生活中尚未占有一席之地，一方面可以说明十二生肖形成之早，亦可说明猫进入人类生活之晚。即便在与国外往来频繁的唐朝，唐诗中仍少有猫的身影。但到了宋代，宋词中对猫的描述就明显增多了。我们现在所熟知的很多猫的品种都是外来的，例如"波斯猫"，从名字就知道它来自西亚。不得不提的是，在对猫的驯化过程中，它始终保持着独立生存的本领，这与人类驯化的猪、马、牛等牲畜不同。猫被誉为世界上最成功的猎手，它天生就是狩猎的一把好手。即便是现在，在离开人类之后，喵星人仍然具有完全的独立生存能力，这也可能是它在人类面前傲娇的资本。

（魏镇）

# 算筹

## 运筹

## 象牙算筹

馆藏：陕西历史博物院
质地：象牙
尺寸：长 13.5 厘米 直径 0.4 厘米
年代：西汉

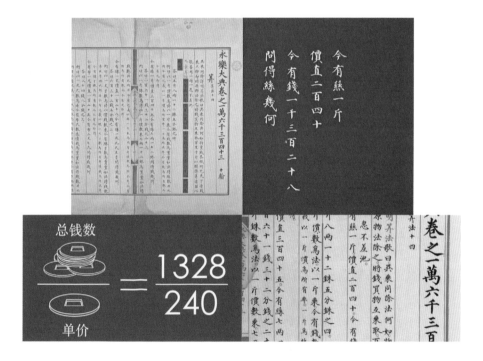

今有丝一斤
价直二百四十
今有钱一千三百二十八
问得丝几何

总钱数
$$\frac{1328}{240}$$
单价

如果一斤丝价值 240 元，那么 1328 元能买多少丝？这道题出现在两千多年前的一本数学总结性著作《九章算术》中。当时的人们已经掌握了在今天依旧科学实用的十进制，所以并不惧怕这些看起来复杂的计算。

十进制用到了从零到九这十个数码，采取"位值制"来记数。我们熟悉的每一个自然数，都可以利用十来建构。从个位起，从右往左，第一位为数值乘以十的零次方；第二位是数值乘以十的一次方。以此类推，第 N 位就是数值乘以十的 n-1 次方。所以，八乘以十的零次方，加一乘以十的一次方，加零乘以十的二次方，加二乘以十的三次方，便得到数字二零一八。

这些看起来抽象的数字，在春秋战国时期，就可以被中国人用一些不起眼的小棍子——算筹，表示出来。当时人们普遍使用算筹来计数及运算。算筹多用竹子制成，也有用兽骨、象牙、金属等材料。

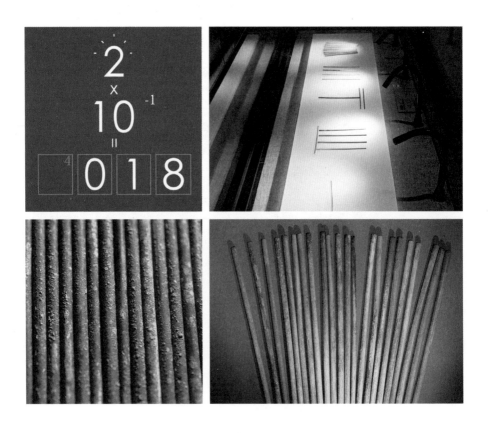

象牙算筹

这套象牙算筹出土于陕西省旬阳县佑圣宫一号汉墓，共 28 枚，每枚直径 0.4 厘米，长 13.5 厘米，粗细均匀，长短划一。

重庆市巴渝学校一年级二班的课堂上，老师正在给学生讲算筹。老师问："古人是怎么用他们的方法来表示数字的？古人摆出来的数字有几种表示？"孩子们异口同声地回答："两种。"

算筹记数，有纵和横两种方式。在纵式当中，表示一到五的时候，竖着摆放的每一根算筹都代表一。而六到九，则用横放的一根代表五，余下的算

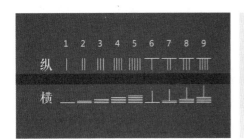

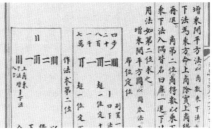

筹纵放在下面。横式则相反。表示一个数字，最多使用算筹数量不超过五。

在表示多位数的时候，则将各位数码由高位到低位，从左到右横列，而且各位数码必须纵横相间。有"零"时，用空位表示。掌握了这一方法，不论多大的数字，都可以用算筹表示出来，譬如"2018"。使用算筹进行运算，也遵循十进制"逢十进一，借一当十"的原则。如 1643 加 375，百位上 6 加 3 原本得 9，但因十位上的 4 与 7 相加得 11，进 1 后百位得 10，千位需再进 1，记作 2，故为 2018。掌握了十进制为基础的记数和运算规则，当时人们可以利用算筹来解决土地开垦、粮食置换、徭役安排等实际需求。因此，善于处理这些政府调控问题的张良被盛赞"运筹帷幄之中，决胜千里之外"。

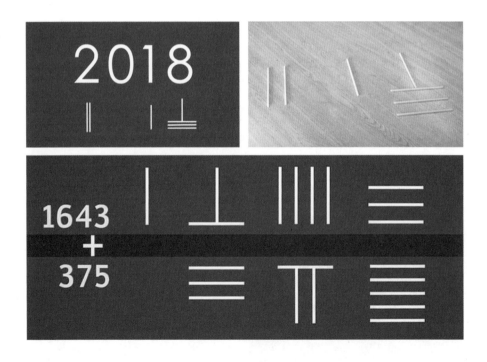

到了明代，算筹被算盘完全取代。一粒粒算珠拨动中，十进制的规则依旧不变。科技发展，计算工具更新，使得运算的步骤得到了简化，但无论工具怎么改变，十进制却始终是我们了解和学习数学的基础。3000多年前的甲骨文上，商人用一到十、百、千、万这十三个数字，记十万以内的任何自然数。它们的写法虽然不断变化，但以十进制为基础的记数方法却不曾中断。

像文字那样，十进制也无处不在。十进位的度量衡与货币单位也在我们的生活中占据主导地位。日常如买菜、装修，高端像经济调控、人工智能，离不开计算，少不了运筹，都用得到你以为高冷的数学。

## 各文明中的数字

中国古代用于记数和计算的算筹，不仅有考古发现的实物，而且在浩如烟海的中国古代文献里关于算筹的记载比比皆是。老子《道德经》曰"善数不用筹策"，说明"筹策"是计算的方法，"善数"的人不用借助工具，引申为劝解人们不要太过计算得失。东汉徐岳撰写的《数术记遗》中说"……别须算筹一枚，各长五寸……"，这是对算筹形状描述最早的文献记录。书中还记载了一种运用手指与算筹的算法，可表量的单位甚至达到了"亿"的级别，可惜的是该书记载的 14 种算法唯珠算流传至今。

上述记载点明了算筹是用来记载数目的工具。而人类是如何认识数字的？对数的概念又是从何而来呢？普遍的观点认为，人类在长期生活实践中，大脑对客观世界产生了抽象认识。最开始通过掰手指记数，到后来用石子的个数来记录打猎收获的猎物数量，再到《周易》记载的"结绳而治"，再抽象到陶器上的彩绘或刻画符号，或是我们熟知的数字符号。

甲骨卜辞，尤其有关祭祀方面的内容中，不乏对数字的记载。中国国家博物馆馆藏"王为般卜"龟甲是一块完整的卜甲，记录的内容是商代武丁中晚期贵族大臣"般"常受王令而征伐四方，商王为他占卜是否有灾祸。在龟腹甲反面钻凿，正面刻辞残存17 字和一圈两组 1~7 的数字。

"王为般卜"卜甲正面

"王为般卜"卜甲局部

甲骨文中的一、二、三等，可能就是在文字形成之前人们在实践中约定俗成的抽象符号；卜辞记载的数字中，十、百、千、万的倍数，常写作"合文"：十用" **|** "表示，将两个十"捏"在一起就是二十" **U** "，在一万" **Ψ** "的"尾巴"上加上三横，就变成了三万" **Ψ** "。

　　除去中国甲骨文上记载的数字，世界其他文明中又是怎样的情况呢？

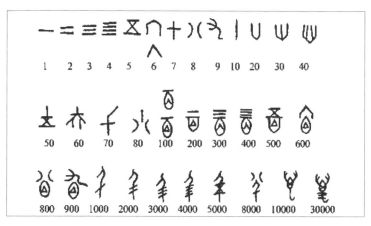

甲骨文数字对照，或因书写问题略有出入

　　中华世纪坛"伟大的世界文明"展中有一块美索不达米亚文明的贸易记录泥板，因内容主要是关于洋葱的装运，又被亚述语言学家称为"洋葱档案"。这块泥板属于阿卡德王朝时期（公元前2334年～公元前2154年），记录了此次装运洋葱的总量，其中圆圈和新月图形的组合便是数字，与传统的楔形文字中的数词有所不同。

贸易记录泥板

225

稍晚于甲骨文的罗马数字有七个数字符号，其与阿拉伯数字的对应为：

| 罗马数字 | I | V | X | L | C | D | M |
|---|---|---|---|---|---|---|---|
| 阿拉伯数字 | 1 | 5 | 10 | 50 | 100 | 500 | 1000 |

罗马数字的计数方法大致有三条：

1. 重复使用（一般不超过三次）相同的数字符号来表示倍数：如 30 用重复的 3 个 10 "X" 表示，即 "XXX"；

2. 右加左减：如 6 表示为数字 5 "V" 右边加 1 "I"，即 "VI"，9 表示为 10 "X" 左边减 1 "I"，即 "IX"；

3. 数字符号上加一横表示 1000 倍。如

23: XXIII; 233: CCXXXIII; 2,333: MMCCCXXXIII;

23,333: X̄XIIICCCXXXIII; 233,333: C̄C̄XXXIIICCCXXXIII;

233,333,333: C̄C̄C̄XXXIIIC̄C̄C̄XXXIIICCCXXXIII

意大利贵族定制的祭坛画中，玛利亚怀抱小耶稣坐在画面中心的宝座上，宝座基座上的文字标明了作品的完成日期："A.D M.CCCCC VIIII"。其中 A.D 表示公元，CCCCC 与 VIIII 中间的空位表示零，"M·CCCCC VIIII" 即 1509 年，日期后面是作者的签名。

无论复杂还是简单的数字表示方法，中西方文明在数学定理上都能达成统一。勾股定理在《周髀算经》里就有介绍，经三国时期数学家赵爽加以证明才变成后人所谓的定理，即我们熟知的"勾三股四弦五"。这一定理被广泛应用在土地、建筑的测量乃至天文计算中。与其相似的是毕达哥拉斯定理，即"直角三角形斜边平方等于两直

角边平方之和"，在希腊数学中由毕达哥拉斯学派发现、提出并得到普遍证明。

数字不仅是奥妙无穷的数学基石，同样也蕴涵着深刻的哲学原理，数学家和哲学家对数学的确切范围和定义有一系列的看法。《说文解字》："一惟初太始，道立于一，造分天地化成万物。"同样的理解也反映在道家思想中，如老子《道德经》："道生一，一生二，二生三，三生万物。"古希腊的毕达哥拉斯学派推崇"万物即数，数即万物"，他们认为"一是本原，二是运动，三是宇宙"，对他们来说数学相当于宇宙。

《圣母子和圣彼得、亚历山大的圣凯瑟琳、圣阿加塔和圣保罗》

局部

在人类历史发展和社会生活中，数学也发挥着不可替代的作用，从记事起我们的生活中就离不开数学，从识数、记数、简单计算到二进制、十进制、几何微积分，学生时代晦涩的数学题往往让人们想问学这些有什么用？但这个问题并不影响你解开一道道复杂数学计算时的喜悦。为了更宏大的计算科学或数理研究的基础，或作为纯粹的知识，请尽情享受学习数学吧。

（陈坤）

# 错金铜博山炉

**烟云的计算**

## 🌳 错金铜博山炉

馆藏：河北博物院
质地：铜错金
尺寸：高 26 厘米 腹径 15.5 厘米
年代：西汉

　　在富于动势的丘壑林泉之间，出没着警觉的虎、豹、猪等野兽，以及伺机捕获它们的猎人。而这一切，都被身居高处的猴子看在眼里。

　　两千年前的捕猎场景被定格在了一只香炉上——错金铜博山炉，中山靖王的心爱之物。创作者最终将炉盖联想为山峰的那一刻，便让这尊错金铜博山炉在艺术史上留下了醒目的一笔。

　　香炉通高约 26 厘米，底座三条镂空的跃龙，头上仰，托起炉盘。炉身为豆形，炉盖被表达成了山峦。然后亟待解决的是，如何在空白中诠释峰峦的边界。

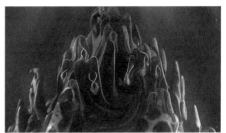

流行的云纹发挥了奇效。错金工艺醒目了升腾旋绕的云气，赋予整座山峰充盈的神秘感。如果仔细跟踪云气的动势，你会发现云和石头连贯为一体，也可认为云气的末梢凝固成了山石，或层层叠叠的怪石表面浮动着轻微的烟岚。而涌动在山脚下的，是云纹盘绕，还是海浪涌动？抑或为了营造两者皆可的错觉？良工巧匠这种充满不确定性的视觉处理，留给了后世观者无限的想象空间，彷佛能将整个世界变成它的留白。

事实上，类似的意向组合在汉代艺术中比比皆是。我们缺乏西汉人对立体山峦设计动机的直接记载，不过后世人普遍相信与蓬莱三岛或昆仑仙山有关。在六朝以后的诗文里，人们习惯将山形的熏炉称为"博山炉"。

错金银铜弩机 汉

　　烟云溢出孔隙，慢慢地博山炉被造了境。线条粗硬的动物们因烟云而跃然，金色的云纹因烟云而延伸。炉中虽无仙人，却显祥瑞。此时，博山炉不再是香炉，

而是视觉与气味共同塑造的微缩的海上仙山。

在山水意象通过卷轴绘画给人们带来想像之前，汉代的无名工匠们已将山的神秘借以 3D 思维表达，他们通过一柱青烟，连接两千年后的观者。

时间精密地计算着生命起灭的轨迹，烟云计算着万物呈现的声、色、形。计算着从这头到那头，一念的距离。

## 香炉简史

熏香在中国有着悠久的历史，在春秋战国时期，人们已经普遍用香。香可以用来驱赶蚊虫，熏染衣物，调制食药，更是一种身份等级和生活状态的象征。屈原写作《离骚》之时，那华美的文字中不乏香草点缀：

"扈江离与辟芷兮，纫秋兰以为佩。"

"杂申椒与菌桂兮，岂惟纫夫蕙茝！"

此时的香料多是本土所见草木植物。宜人香气或来自草木本身，或经焚烧而得以散发。此时的香炉往往也要求出烟通畅，用以排出焚烧草木带来的烟尘。

而到汉武帝时期，张骞凿通西域，建立了横跨欧亚的丝绸之路。伴随着阵阵驼铃声，大量的异域香药传入内地。檀香、甲香、乳香、沉香、龙脑、苏合、龙涎香……内地西运的一匹匹丝绸，换回的正是这些异域奇珍。

相较于本土的香草，这些西域与南海传入的树脂型香料气味更加浓郁悠长，因此受到了王公贵族的强烈追捧。丝绸之路也因这些奢侈品获得了强劲的生命力。

异域香料品质虽好，但是却需要特殊的焚香方法，由此带动了香炉形制的变革。将香料制成粉末，均匀地撒入博山炉内，其下置以炭火。由于气流不畅，炭火只能保持缓慢的阴燃状态，香料得以徐徐燃烧，从而使得香气不绝如缕，充盈室内。

这样的巧思并非来源于内地。博山炉的形制也与中外文化交流密切相关。根据国外汉学家的研究，博山炉的原型——带盖香炉，首先被西亚的亚述人使用，经由来自西伯利亚或中亚的斯基泰等族属，经由丝绸之路传入到汉语区域。随着香料风靡于整个欧亚大陆，类似的香炉在希腊、罗马、伊朗、埃及、印度等地皆有发现。而博山炉从中国出发，也影响到了朝鲜等东亚地区。宋人徐兢在《宣和奉使高丽图经》中记载："博山炉本汉器也……今丽人所作，其上顶虽象形，其下为三足，殊失元制，但工巧可取。"

通过一件博山炉可以管中窥豹，映射出欧亚大陆上文明相互交融的宏阔画面。

中山靖王刘胜想必是当时的"用香达人"。在其去世之后，家人依然不忘在幽深山石墓穴中放上这样的一只精美香具。待到下葬之日，错金铜博山炉散发出的幽幽香气，不知能否唤起逝者对现世的一丝眷恋？

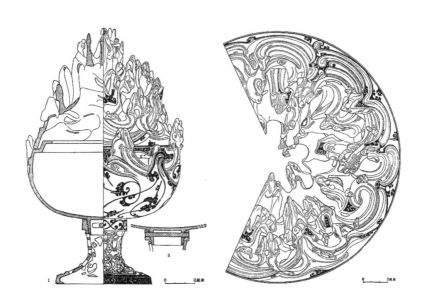

错金铜博山炉线描图

隋 绿釉莲瓣蟠龙博山炉

青烟袅袅，将会引魂畅游仙山，登临蓬莱，成为天界神仙。

博山炉因造型奇特、使用便捷，在历史上不断得到文人称颂，成为人们心目中的传奇。《艺文类聚》卷七十收录汉无名氏咏熏炉的《古诗》一首："请说铜炉器，崔嵬象南山……朱火燃其中，青烟飏其间。"

而到两晋时期，"博山炉"成为此类香炉的专称。沈约的《和刘雍州绘博山香炉诗》称颂道："范金诚可则，摛思必良工。凝芳自朱燎，先铸首山铜。瑰姿信岩崿，

清代绘画中的炉瓶三事

奇态实玲珑。峰嶝互相拒，岩岫杳无穷。"昭明太子《铜博山香炉赋》也写道："爨松柏之火，焚兰麝之芳，荧荧内曜，芬芬外扬，似卿云之呈色，若景星之舒光。"在皇室贵胄中，铜博山炉沿用不衰。但同时大量形制近似的青瓷博山炉在六朝墓葬中不断发现。瓷质博山炉相对物美价廉，因而受到广大士庶阶层的喜爱。瓷质博山炉最开始是对铜博山炉的规矩模仿，随后造型日趋丰富，形成了自己的艺术风格。特别是随着佛教传入中国，博山炉的"山"日益模糊抽象，莲花等新装饰元素融入其中。

及至唐宋时期，焚香方式又为之一变，带动香炉形制再次发生革新。唐代人们将香末依据各种配方调制成香丸或者香饼，北宋又出现香料与燃料结合的线香。博山炉由此渐渐淡出了人们的视野，取而代之的是近世常见的香炉、香盒和插香箸、香铲的小瓶形成的"炉瓶三事"。香不再是用来体验登临仙境的神秘媒介，而是成为了文人骚客为了追求冥思、善男信女为了敬奉神明的俗世用品。

错金铜博山炉，在烟云的计算中，如同一个坐标的原点，横坐标是空间上的中外交流，纵坐标是时间上的古今香史。

尽管它已不再润气蒸香，模仿仙山，我们依旧能够在欣赏它的过程中达到物我两忘的玄妙境界。

（李凯）

# "长毋相忘"铭合符银带钩

## 闪烁腰间的誓言

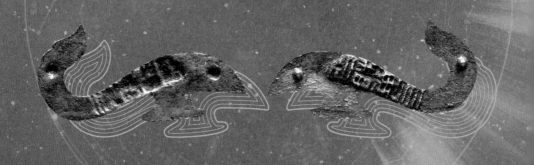

## “长毋相忘”铭合符银带钩

馆藏：南京博物院
质地：银
尺寸：长 3.7 厘米 高 1.8 厘米
年代：西汉

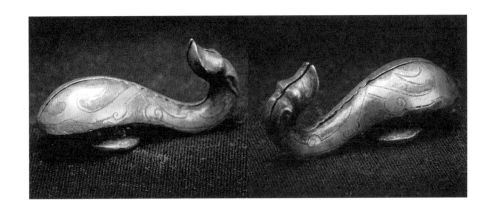

山无陵，江水为竭，冬雷震震，夏雨雪，天地合，乃敢与君绝
——《汉乐府》

这枚银带钩藏着迷人的秘密。它出土于西汉江都王刘非的第十二号陪葬墓，主人是他的妃子淳于婴儿。他们的约定刻在这带钩隐秘的地方，被淳于婴儿生生世世珍藏，在公历纪元开始前带入墓葬。公元后的 2009 年，我们发现了他们曾互道过的誓言：长毋相忘。

它像兵符一样，自中间一分为二，两个半扇的内壁，分别以阴阳文刻有"长毋相忘"的四字吉祥语。动人的情话安全地隐在钩身之间，看来这誓言不想昭告天下，也不会时常被提起，这是只属于它主人的情真意切。这种隐秘在汉王朝尤其不同寻常。大多数汉朝人是不习惯含蓄的，他们把对美好的向往，情感的渴望，甚至是道德标准、社会秩序，化作吉祥语，写在显眼的地方。比如想寄予相思，他们便会在铜镜上写道："见日之光，天下大阳，服者圣王，千秋万岁，

"长毋相忘"铭文

长毋相忘。"一见到太阳啊，天下便也明亮，哪怕过了一千个秋天或是一万年，我们都不要忘记对方。

他们刻下"诚信"的印章以示警醒，毫不掩饰地表达对富贵的向往，也会强调下规则，或者是说说忧伤。

汉"诚信"信印

"福贵安"花瓣纹镜拓片

"愁思悲"龙纹镜拓片

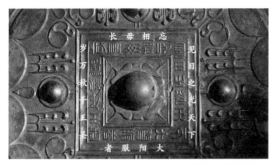

汉代草叶纹铜镜铭文

汉代花卉纹镜铭文

就连带钩这种起源于春秋、用来系腰带的日常挂钩，也被汉代人安放了足够多的想象力，绝不会因为小就甘愿低调。汉代带钩材质纷繁，造型各异，以精美的动物造型居多，横可束衣带，竖可悬物件。看这些乐舞俑欢乐的姿态，想象在彼时"满堂之坐，视钩各异"的聚会中，大家欢聚，聚会宾客热烈地交流着各自五花八门的带钩珍藏。

相比之下，淳于婴儿的这枚小带钩外貌实在算不上突出。钩首是一个简化的龙头，有着鼓鼓的眼睛，挺立的双耳，钩身装饰着汉代独有的典型云纹，云纹处有鎏金。不同于汉代人纯粹直接的表达方式，深宫里的爱情誓言被这带钩普通的外表完全隐藏。不求万人之上的国王独宠一人，只求两人之间的私语常系腰间。

种类繁多的汉代带钩

这伟大的盛世同时包容过隐秘和张扬。或许在另一种意义上实现了"未央"和"毋忘"的是中华民族对汉文明的情感延续。汉代人的吉祥语，也是历朝历代人们共同的企盼。在现代生活中仍然被沿用下来，穿越千年，还透着微光。遥想汉人多少阔放，敢说，敢当，就当此生此世是梦一场，忠于内心，活得敞亮。

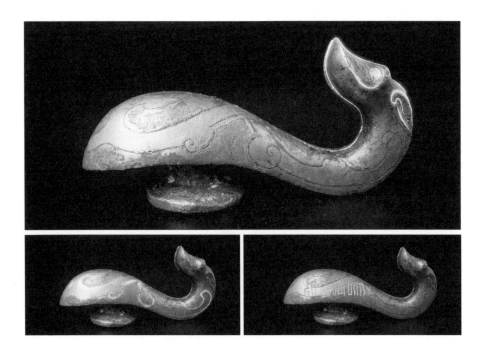

### 考古发现中的爱情

　　爱情是人类亘古不变的话题。考古则是对古代人物质精神世界方方面面的捕捉，在无数次与古人的对话中，考古人也会在不经意间被古人的爱情打动。根据英国《太阳报》，考古学家最近在乌克兰佩特里基夫（Petrykiv）村庄考古时，发现一对紧紧相拥的男女尸骸，据研究他们是青铜器时代维斯托斯卡亚（Vysotskaya）的史前人类。考古学家班卓斯基（Mykola Bandrivsky）指出，男性遗骨是平躺的姿势，女性侧躺，她的右手臂环抱该男性，然后将她的右手腕放在男子右肩上。两人额头相靠在一起，该女子的双腿膝盖微弯，放在男子微弯的腿上。班卓斯基表示，如果该女子是死后下葬，无法摆出这样亲昵的姿势。班卓斯基与其他考古学家推测，该名女子生前可能选择活埋，与所爱之人一起入土。也许那个时代的物质并不是特别丰富，也许那个时代的生活并不十分轻松，但那个时代的爱情却是一样的坚固。

　　古人的爱情除了同生共死如此直接的方式，

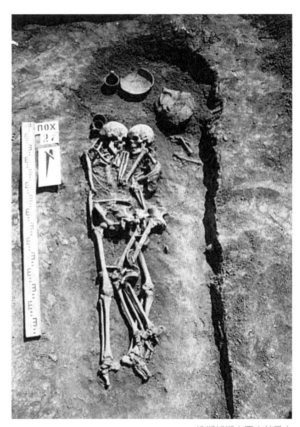

维斯托斯卡亚史前爱人

也有古人特有的委婉，恰如嵌于带钩内部、常人不易见到的"长毋相忘"铭文一样。

新中国成立初期，在洛阳烧沟，考古人员发掘了上百座汉代墓葬。但在 1953 年 3 月 8 日这一天，有两座编号 38a 和 38b 的新莽时期墓葬引起了考古人员的注意。这两座墓室并列，共用同一个墓道，考古学称之为"同穴异室墓"，多是埋葬夫妻。墓室规模并不是特别大，陪葬品也并不是特别丰厚，主要都是一些陶鼎、陶壶、陶罐等生活用具。在这座墓葬中共有三具尸骨，在 a 室中埋有两个棺椁，b 室中有一个棺椁。a 室左棺中人骨的头部和 b 室棺中人骨的头部各发现半面铜镜，残破的铜镜在汉墓发掘中时有发现。而令人惊异的是，当考古人员慢慢将这两片铜镜拼在一起的时候，神奇的一幕出现了：这两片铜镜竟然严丝合缝地拼成了一块完整的汉代四神博局纹镜。这面铜镜复原后直径 15 厘米，厚 0.5 厘米。它的制作工艺并不特殊，但将一块完整的铜镜分为两半各自随葬，这显然是这对跨越两千年时空的古人期待来世如铜镜般重新团聚。这也是中国考古学史上第一次科学发掘出土"破镜重圆"的实例。

考古中一次次为我们讲述"破镜重圆"的故事。1985 年在安徽怀宁县，考古发

洛阳烧沟 38 号汉墓出土四神博局镜拓片

掘人员从两座相距 3 米的唐代墓葬中分别发现了半面铜镜，而当考古队员将两个残片拼对在一起的时候，时隔千年，这面唐代伏龟飞鹤铭文镜再次完整地呈现在世人面前。而在 1990 年，陕西安塞王家湾农民取土时发现一座新莽时期的夫妻合葬墓，经过考古人员的发掘，墓内出土一面一分为二的汉代昭明镜，这枚镜子出土时一半放在男性墓主头边，另一半则放在女性墓主头边。《太平御览》引东方朔《神异经》云："昔有夫妻将别，破镜，人执半以为信。其妻与人通，其镜化鹊，飞至夫前，其夫乃知之。后人因铸镜为鹊，安背上，自此始也。""执镜为信""破镜重圆"的传说或许比这还要早。但无论如何，考古中发现的这种镜分为二、各执一端的现象莫不反映了古人对爱情的执着，对在身后世界彼此仍旧两不忘的向往。

唐长沙窑青釉褐彩诗词壶

爱情从来都不是一帆风顺的，古人也有对爱情的幽怨。一件唐长沙窑青釉褐彩诗词壶带给我们的又是古人对爱情无限的惆怅。这件来自于长沙博物馆的瓷壶上面刻画有一首诗："君生我未生，我生君以（已）老。君恨我生迟，我恨君生早。"一份爱而不得、相见恨晚的惆怅表达得淋漓尽致，时至今日仍旧能引起跨越时空的共鸣。又恰如古人诗中所言"还君明珠双泪垂，恨不相逢未嫁时"。多少的爱情曲折，伴随着奔腾不息的滔滔江水从历史深处向我们走来，又向更深处走去。不论古今，人们所期待的爱情，无过是愿有岁月可回首，且以深情共白头。

（魏镇）

# 错金银云纹青铜犀尊

## 万物有灵犀

## 错金银云纹青铜犀尊

馆藏：中国国家博物馆

质地：青铜

尺寸：长 58.1 厘米 高 34.1 厘米

年代：西汉

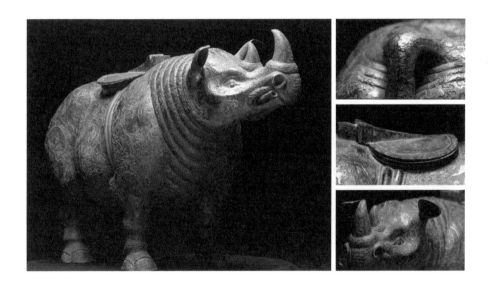

　　一只犀牛从陕西走来，抖落身上的尘土，昂首望向前方。它喝醉过，但现在清醒，它叫犀尊，是一只酒壶。它的臀部隆起，尾巴弯成一个挂钩，倒酒时，扣住挂钩，借助杠杆原理，以蹄子为支点，撬动整体，酒从嘴边的流管倒出。背部的小盖是容器的入口，又恰似犀牛的背囊。颈部层层褶皱，头上两根犄角，凹陷的眼窝里，黑料镶嵌成小眼珠。骨骼、肌肉，层次分明，焕发生机。四只蹄子落地平稳，每只三根脚趾。可见制作者曾近距离仔细观察过犀牛。

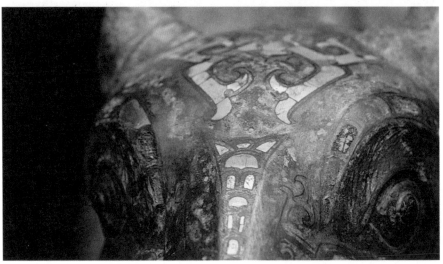

　　金丝银线，把雨林中的雾气变成凹凸的云纹，包裹着毛发，刻进犀牛表皮，闪耀着大自然中肉眼无法觉察的光彩。错金银工艺在铜器表面錾槽，镶嵌金银，再用厝石打磨，创造出华美而装饰味浓郁的图案。弩机上，飞鸟、蛇、鹿、虎、

错金银铜弩机 西汉

猪，二十多只动物，轮廓细如发丝。

朝天鼻，金条纹，长尾巴，突显出虎的身姿。繁复的工艺，恒久的材料，凝固人与自然的默契。百态丛生的真实动物，聚集一堂，揽括生命美好。

久远的时空里，无数生命来过又离去。而后，地球上出现人类。描摹和形塑生命，大约和人类文明同样久远。人们以各种材质模拟大地生灵，愿与动物共享自然。

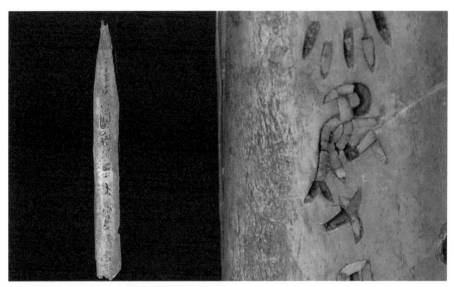

宰丰骨匕 商

3000多年前，犀牛足迹遍及华夏，可以想象，那时北半球温暖湿润，草木丰美。商王猎获犀牛，契刻在甲骨上。有孕不捕，小兽不捕，按规范捕得猎物，记作"获"。2000多年前，汉代人在外邦朝贡的珍奇中偶尔能够看到犀牛的真容，它们的原型，今天被称为苏门答腊犀牛，它在犀牛家族里体型最小，胆子也小，不爱争地盘。西汉以后，地球转冷，加上人

鎏金铜犀牛 驯犀俑 西汉

小臣艅犀尊 商

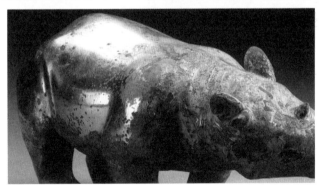

类活动频繁，敦厚的苏门犀被迫迁徙，如今仅仅零星生活在热带雨林和沼泽中。

犀尊送走了犀牛，比血管更古老的河流，流淌在比国家更古老的土地，过客来来往往，相视一笑，万物有灵犀。

**灵·犀**

　　1963 年，陕西省兴平县吴乡出土了一件错金银云纹的青铜酒器，最吸引人们的不是这件酒器的青铜工艺或者器物的体积，而是这件酒器栩栩如生的犀牛造型。

　　这件错金银云纹青铜犀尊长 58.1 厘米，高 34.1 厘米，重 13.5 公斤，现在收藏于中国国家博物馆。仔细看这件器物，犀牛的体态雄壮，前腿、臀部肌肉线条流畅。它的表情专注，双目注视着前方，仿佛带着自身动物性的骄傲面向世人。

　　青铜的动物型酒器虽并不罕见，但由于这件尊造型的精细和真实，让学者们不得不对它珍而重之。犀牛尊的造型准确，无论是颧骨、脊椎和关节部位都被刻画出来，身体各个部位的肌肉纹理细致，可以推测铸造它的人决不会是凭空想像就能办到。

　　在战国时期甚至更早，犀牛与其他动物一样生活在中国这片土地。在浙江余姚河姆渡一个新石器遗址，考古学者就发现过犀牛的骨骼，说明犀牛早在新石器时代便在中国境内活动。据学者的研究，这件错金银云纹青铜犀尊的犀牛原型为苏门答腊品种，这种犀牛因出没于印尼诸多个岛屿之上，故有此名称，而它们在古代也活跃于中国各地。除了浙江外，长江以北的地区也曾多次发现犀牛骨头，例如在河南安阳妇好墓出土的动物骨头中，也有部分是犀牛骨头。

在古代，使用动物造型作为酒器十分常见，宝鸡就出土了大量以动物为造型的青铜器，而且出土的动物类型相当广泛，例如大象、兔子、龙、鱼、猪、禽鸟类、老虎等等。然而犀牛算是比较罕见的一种动物酒器造型。一直以来，学者们都思考着为什么当时人们会使用这些动物造型作为盛载美酒的工具。学者认为在西周时期，人们不仅猎杀野生动物，而且开始圈养家畜，因此对于这些动物的身体构造有一定的了解，也开始使用家养动物作为艺术创作的题材。

貘尊

兔尊

猪尊

不过这个说法只能解释当时人们为何会使用家禽、鸟类等家养动物作为酒器造型。而犀牛生活在野外，且皮韧肉粗，并不是适合食用的动物，那人们猎杀犀牛到底有何目的呢？

有一种说法是，当时人们猎杀大型的动物，是为了使用动物的皮制作盔甲。如屈原《九歌·国殇》中有"操吴戈兮被犀甲，车错毂兮短兵接"，可见当时人们猎杀犀牛后，使用犀牛皮作为战士身上的皮甲。学者推测，动物形状的酒器便是作为人们猎杀动物成功之后祭祀用的礼器。动物型的青铜酒器不只是工艺精美的艺术品，也反映了当时人们对于神灵的敬畏和信仰。

对于使用犀牛作为祭祀用器，还有一个说法。古代以犀牛作为镇水之兽。据汉代扬雄的《蜀王本纪》记载："江水为害，蜀守李冰作石犀五枚，二枚在府中，一枚在市桥下，二枚在水中，以厌水精，因曰犀牛里。"《华阳国志·蜀志》又有李冰"作石犀五头以厌水精"的记载。这都说明，在古代人们相信犀牛能够镇压水灾，

是镇水的神兽。这点或与古人以犀牛作为盛酒工具有一定关系。

犀牛的角也被认为是具有灵性之物。东晋葛洪《抱朴子》称"得真通天犀牛角三寸以上，刻以为鱼，而衔之以入水，水常为人开"，意指得到犀牛角，衔之在水中就不会被淹没。由此可见，无论是犀牛还是它的角都与水有关，这印证了古人相信犀牛能够镇水这个说法。将犀牛的角剖开，可以看到里面有一条白线似的纹理贯通角的首尾。唐代诗人李商隐有诗云"身无彩凤双飞翼，心有灵犀一点通"，比喻双方如同灵犀角内的白线，默契相通，对彼此的心思都能心领神会。

直到今天，犀牛角仍然被认为是具有特别功效的神物，中医以犀角为珍贵的药材。今天贵州、湖南、广西等地的苗族仍然有崇拜犀牛的习俗，他们会以犀牛作为自己部落的图腾，在各种祭祀仪式中，都可以看到犀牛图案。不过时至今日，在中国境内已经没有野生犀牛的踪迹，根据《濒危野生动植物种国际贸易公约》，任何犀牛制品的交易行为都是被禁止的。关于犀牛的传说，就留待我们在博物馆内细心欣赏吧。

（连泳欣）

# 击鼓说唱陶俑

## 唱响我人生

 **击鼓说唱陶俑**

馆藏：中国国家博物馆
质地：陶
尺寸：高 56 厘米
年代：东汉

　　眼睛如同弯月，笑容蓄满一池秋水，两颗凸出的苹果肌仿佛熟透的冬枣，构成我可爱的面容。人们叫我说唱俑，虽然无名无姓，咱可是国家博物馆里万人朝觐的大明星。

　　我是东汉时期四川盆地的说唱艺人，左手持鼓，右手握棒，演出即将进入高潮。我头往前伸，后背拉成一张弓，腿部韧带受到拉扯高高抬起，露出宽大扁平的脚底板，我正要瞬间发力，逗翻场上所有观众。

　　我这样的人当时在四川非常普遍，读书人叫我们"俳优"，就是现在的

陶俳优俑

陶俳优俑

演艺圈人士，以娱乐大众为职业，让老百姓开心、巴适就是我们的职责。

我们并不像看起来那么开心。瞧，他是我的同事。三条皱纹挤在额头上，吐出舌头，极尽搞怪。他运气不太好，脑袋缩在脖子里，患有脊椎疾病。由于营养不均衡，胳膊又细又短。我们多有与生俱来的疾病，身体与常人不同。自嘲是所有幽默

261

中最安全、最有效的办法。所以，我们故意呈现自己的身体缺陷，卖力表演。我想我是幸运的，我的生命远比我的寿命长久。

两千年前的一声闷响，我和几个伙伴遁入黑暗。直到有一天，我再次见到阳光。我最爱的小圆帽褪掉了彩色，裤子垮在腰间。两千年断食断水，腹部的赘肉竟没有半点松懈。哎，减肥真难。

成都平原依旧温暖湿润，地域文化强势，与两千年前一样，向全国输送美食、方言、文艺以及闲适的生活态度。《国语》记载"史不失书，瞍不失诵"，这是说，写在纸上的历史和艺人口中叙述的历史同等重要。汉高祖的剑、飞将军的弓、卓文君的罗曼史都活在我们的段子里，代代相传，是中国人的集体记忆。

陶俳优俑

通过我被生活压弯的脊椎，可以感知这个国家所经历的苦难。因此，我被珍视被保管，我不再是张三、李四，我的代码是 Y328A。我变成了符号，象征说唱艺术。我的灵魂从未死去，它成为一个行业，一种思想，一门哲学。我是活在市井的民族精神，是高贵的隐士。你看到我开怀大笑，那是因为，我很严肃。

乐舞俑

## 历史悠久的陶俑文化

陶俑是用陶土制作并经火烧成的用于随葬的明器，在中国古代的丧葬礼仪中扮演着一个重要的角色，有着漫长的发展过程。

中国古人很早就有视死如生的观念，人们相信死亡是另一个世界生活的开始，希望自己死后也能过着和生前一样的生活。古人认为陪葬品金银器、瓷器、陶俑等也会被带到另一个世界继续享用，所以就形成了厚葬的风俗。在陪葬品中就有很多陶俑，他们被制作成为仆人、侍女、军士等形象，用来为逝者服务，所以历朝历代都有陶俑存世，它们成为我们了解当时社会的重要途径。

陶俑的产生与古代活人陪葬现象有关。从春秋时期开始，人们开始用木俑代替活人陪葬，并很快发展出陶制人俑陪葬，陶俑的出现改变了人殉、人牲这种原始的陪葬观念，是古代文明的巨大进步。陶俑相对于木俑而言，不易损坏，可塑性强，自出现后很快就被应用在越来越多的贵族墓葬中。经过春秋战国时期的不断发展完善，古人已经可以熟练掌握制作陶俑的技术，随后就出现了秦始皇陵中大规模陪葬兵马俑的壮观现象。

陶女舞俑 东汉

陶彩绘男优伶俑 五代

　　汉代之后，随着社会的稳定，经济不断发展，社会的广泛需求促使陶俑的制作工艺越来越精湛，产量逐渐增加，出现了艺人、厨师、神兽等新的形象，开始向各个社会阶层普及。7世纪末期，又出现了唐三彩俑，除各种各样的人物像外，还有当时贵族们喜欢的名马、往返丝绸之路的骆驼等，应有尽有，充分反映了唐代贵族们的生活和情趣。宋代以后陶俑向写实风格转变，多表现细微之处，从中可以显示出不同时代的服饰等生活方式，并一直持续至清代。晚清时期，人们开始用木或布作俑或剪纸为人形，陶俑文化至此渐渐消失。

唐三彩胡人俑

唐三彩骆驼俑

## 汉代陶俑的制作

　　中国陶俑文化的历史中最令人注目的就是汉代陶俑。在汉代不论是帝王、大臣的陵墓或是平民百姓的小墓之中都常见有用陶俑作陪葬的现象，这反映了使用陶俑作陪葬的普遍性，是当时社会特有的一种文化现象。这种广泛使用陶俑作殉葬品的现象说明，当时的陶俑制作可以批量生产，才能满足社会各个阶层的需要。

汉阳陵陶俑

　　通过对存世汉代陶俑的观察可知，当时的生产技术已经开始使用模制工艺，这也是汉俑大量出现的主要历史原因。模制陶俑的制作过程为：首先，将土入水浸泡搅拌沉淀，从中选取细泥。其次，塑造出陶俑的模型，然后在模型上分部位翻范。随后，将陶泥贴于外范，按压成型，再经贴塑、刻画等工艺修整成型。陶俑必需烧制才能成型，其烧成温度要控制在 800 ～ 1000 摄氏度之间，火候的高低直接决定陶俑的质量。出窑后再施以彩绘，这是赋予陶俑逼真传神的一道工序，原本同一模子烧成的陶俑，经过施彩后便神采各异。

汉阳陵陶俑

是谁制作的这些陶俑呢？通过查阅历史记载我们可以发现，汉代设有东园匠的官职，专门制作办理丧事所需的棺、陶俑、瓦器等等，皇帝常将东园所作之器赏给臣下，以示宠爱和敬重。通过观察大量出土的陶俑等陪葬品，可以得知民间也发展出专门制作陪葬品的行业，出现有专门制作陶俑、瓦器、漆木器、编竹器的人群。正是这些工匠推动陶俑生产技术不断进步，并对唐三彩的出现产生了重要影响。

## 汉代表演艺术

随着汉代经济文化的发展转变，人的思想得到了解放，不再拘泥于商周时期的礼乐制度，在这样的意识支配下，汉代的表演艺术从形式到内容都得到了空前发展。在陶俑、画像石等文物中，很多图像都记录了当时的各种表演艺术，包括乐舞场面、杂技、竞技及假面等等，成为我们了解汉代社会生活的重要途径之一。

汉代舞蹈多为小型歌舞活动，其中常见的有盘鼓舞、建鼓舞、长袖折腰舞、巾舞等，一般都描绘在厅堂、庭院、楼肆、广场及劳作的场地上。汉代的长袖舞最为流行，舞女凭借长袖交绕飞舞，婉转动人，表达各种复杂的思想感情。跳巾舞时，舞人手持裹有短棍的长巾，舞出各种花样。建鼓舞的"建"字是竖立的意思，用木柱将鼓竖立起来，鼓面向人，舞者一边击鼓一边舞蹈，气势恢宏。

长袖舞　　　　巾舞　　　　　　　建鼓舞

从文物图像中可以看出，汉代乐队有大有小、规格不一，出现独奏、伴奏、合奏等演奏形式，在皇帝出行、祝捷献旅、郊庙祭祀等仪式中已经出现演奏的场景。此外，发现数量最多的是天子宴乐群臣、官吏豪绅宴请宾客用的演奏场景。汉代歌舞之风盛行，不但统治阶级沉湎于歌舞享乐之中，而且王公贵族、官吏富民无不以此大行奢侈之风，室内乐和歌舞伴奏正是由此而兴的。

汉代还出现杂技、幻术、俳优侏儒戏、角抵、驯兽等表演节目。杂技有倒立、跳丸、跳剑、扛鼎、旋盘、顶碗、耍坛、跟挂、蹴鞠、弄杖、履索、车技、马技等表演。表演跳丸的艺人用双手快速连续抛接多个丸球，也有抛接刀剑的惊险动作。履索是艺人在高空绳索上行走、倒立、翻跟头。叠案倒立考验表演者的胆量和平衡能力，水平高超的艺人，能在多达 12 个相叠的案几上表演倒立。两千年前这些高难度的动作，在现在的杂技表演中依然能够看到。

在汉代表演场景中还常能见到俳优形象，他们是古代以乐舞戏谑为职业的艺人。《汉

跳丸　　　　　　　　　　　　　　走索　　叠案倒立

书·霍光传》记载："大行在前殿，发乐府乐器，引内昌邑乐人，击鼓歌吹作俳优倡。"由此可见，俳优的表演形式是边击鼓边歌唱的，他们的表演大概也有歌有辞。另外，在汉代画像砖乐舞百戏图像中，常可以看到在女舞人身旁有一上身袒裸、体形粗短、形象滑稽的侏儒在旁作插科打诨式的舞蹈表演，或表演杂技。这些表演者的舞姿、杂技的动作具有滑稽、戏谑的特点，由此可见俳优还普遍兼长歌舞杂技。从汉代斗兽画像中可以发现，斗兽分为徒手相搏与持械相搏两种，器械有矛、剑等，所斗之兽有虎、牛、熊等，十分惊险刺激，具有很强的观赏性。

盘鼓舞弄丸图 东汉画像石

　　由此可见，汉代表演艺术内容和形式日趋成熟，歌、乐、舞等表现形式已经达到较高水平。同时杂技、幻术、俳优、斗兽相辅相成，共同发展进步。孕育出了后世舞蹈、戏曲、杂技等多种表演艺术形式，为后世各个艺术门类打下了良好的基础，对我国传统表演艺术体系的形成、发展、完善起到了重要作用。

（白炜）

# 铜奔马

## 天马行空

###  铜奔马

馆藏：甘肃省博物馆
质地：青铜
尺寸：长 45 厘米 高 34.5 厘米
年代：东汉

这是一匹特立独行的马，超越地表的队列，跃步踏上云端，它与飞鸟为伍。

绝世之马来自雷台，雷台是矗立在甘肃武威市区的一处夯土高台。1969年一座东汉墓葬在台下被发现。墓葬的主人是一位张姓将领，砖砌的墓室里排列着规模壮观的车马仪仗。拥有一支奢华的出行车队，是汉代豪族无论生死都竞相追逐的荣耀。仪仗全部采用青铜制作，包括武士17人、仆从28人、车舆14辆、牛1头、马39匹。

甘肃武威市区东汉墓葬

战马的队列之中，独有一匹逸群绝尘，迅疾如风。从各个角度观看，这匹马的造型都堪称完美。身形匀称，姿态矫健，头部微微侧倾，似乎迸发出浑身力量，却又显得闲庭信步。这是一匹超越凡尘的天马，卸下鞍辔的羁绊，摆脱骑手的控制，它重归自由。汉武帝撰文赞颂，天马足踩浮云，出入仙凡两界，与飞龙一起游戏，淌下血色的汗滴。两汉时期，河西是骑射男儿纵横驰骋的天堂，武威、张掖等四郡不乏水草丰沛的绿洲，既是狭路相逢的战地，也是

仆从俑

铜立马

宛若天成的牧场。公元前 2 世纪末，为了稳定边关、保障交通，汉朝屡次发出向西域求取宝马的号令。从乌孙国的西极马到大宛国的汗血马，汉朝皇帝将人间骏马誉作天马。天马受到邀请，跨进长城，也带领大汉的将士走出关塞。凿空天险、开通道路，所凭借的不惟人力，更有天马行空的奇想，恰如徒手塑造神驹。

铜奔马口、眼、鼻张开，涂绘朱色。鬃毛和尾丝后扬，令人仿佛听见嘶

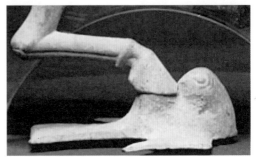

鸣与风啸。唯一支撑身体的马蹄，轻轻踏在翱翔的禽鸟背上，鸟儿惊觉地回首探视，上演了戏剧般的梦幻。这是一件无与伦比的杰作。

马儿奋起四蹄，舒展的姿态定格在一瞬间。假如时间封印解除，它将立刻消失在我们的视野。

马是地表优美的尤物，云端轻灵的使者。天马傲首行空，一如人类的想象神游万仞。即使没有羽翅，它也能飞驰如光电，平步于天际。

## 雷台汉墓的遗憾

甘肃武威雷台汉墓是新中国考古学史上的一次重要发现。1969 年 10 月，当地农民在取土时发现了它。雷台是一个高 8.5 米、南北长 106 米、东西宽 60 米的夯筑土台，夯层每层厚 15~20 厘米。这座台子就是以墓葬封土为基础筑造的。因此在一定程度上保护了这座墓葬避免被盗掘，即便如此，这座墓在发掘过程中还是发现了两个盗洞，分别位于中室东壁的上部和墓道中。

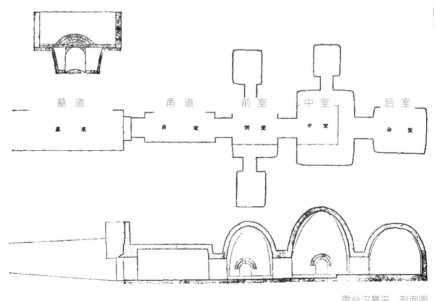

雷台汉墓平、剖面图

从墓室内的堆积来看，这两次盗掘都发生在下葬后不久，随后有明显对盗洞进行修补的痕迹。其后这座墓虽然没有被盗得千疮百孔，但是这两次盗掘仍然使大量带有重要信息的文物消失在了我们的视野中，而且我们将永远不会知道丢失的是什

甘肃省博物馆铜车马仪仗复原展示

么。盗掘问题一直是考古学家们面临的一个巨大挑战。其中最重要的原因就是盗掘一方面会掠夺大量有历史、文化价值和重要信息的文物，另一方面它会破坏墓葬的原生环境。中国历来讲究孝道，在丧葬礼仪过程中，不同的时期会有不同的礼仪流程，也会产生不同的物质遗存。当这些物质遗存被发掘出来以后，它们为我们研究古代人类社会与文化提供了一个窗口。但是一旦这个环境被破坏，就会对我们的判断造成困扰甚至误导。就在这次雷台汉墓的发现过程中，在考古工作人员到达以前，部分群众已经将墓室内的器物搜罗带出了墓室，也就脱离了它们特有的环境，从而使文物身上所蕴含的信息大大减少，成为此次考古发现让人怅然的遗憾。

以这次发现的青铜车马仪仗为例，由于脱离了原始的位置，虽然在数量和质量上没什么损失，但是最重要的一点，整个仪仗队伍的排列顺序完全被打乱了。现在观众在甘肃省博物馆看到的复原的仪仗队列，也仅仅是根据群众回忆进行复原的，我们无论如何也无法确定这是不是它们应有的样子，也就无法确定这件铜奔马是否在队列之首，而非队列之中。虽然根据回忆的复原基本是可靠的，但是这毕竟与真相之间蒙上了一层细细的纱幕。假如说这些器物由考古学家来提取，那么它们在提取之前就会被详细记录，包括进行摄影和文字描述，最大可能地还原它们的真实面貌。

也正因为没有按照科学的流程提取文物，雷台汉墓另一个遗憾就是墓主的明确身份至今仍然不能有确切的答案。墓内出土了能反映墓主身份的四枚银质龟钮印章，但是印章文字有残损。虽然结合部分铜车马的铭文，我们可以推测墓主是一位张姓将领，但四枚印章上面所刻的官职并不一致。汉朝有一人使用多枚印章的可能，但当时流行多人多代合葬的葬俗，让我们不敢确定这个墓中是否只埋葬夫妻二人。又加之墓室只有两个棺墓痕迹的信息是由群众凭印象提供，因而可靠性大打折扣。假使这次发现经过详细的考古发掘，我们就可以明确四枚印章的出土位置，明确墓内的棺椁痕迹，进而确认墓内到底埋葬了几位墓主。可惜，历史不能假设。

正因如此，每次考古发掘时考古学家内心都怀揣着对历史的敬畏，谨小慎微地生怕错过任何一个历史的细节。更重要的是，他们绝不怀着猎奇或寻宝的心态去发掘，因为每一次发掘本质上都是一次破坏，因而绝大部分考古发掘是为了配合基本经济建设，为了挽救被盗掘的文化遗产。考古学家们深知，物质文化遗产都具有唯一性，发掘都是一次性，永远不可能再次重复发掘过程。从这个层面上，我们可以理解不主动发掘秦始皇陵、乾陵等著名文化遗产的原因。所有人都知道这里面藏有稀世珍宝，但同时也应该知道，它们不仅仅属于我们这代人，而是属于祖祖辈辈的华夏子孙。

有人说，电影是一门遗憾的艺术；而考古，则是一门遗憾的科学。考古学作为一门科学，它是具有能动性的。在一些直观信息不够丰富的情况下，我们仍然可以用细致的考证、推理，尽可能地复原历史的真相。但是，无论我们如何用心，看到的毕竟也只是真相的一部分。然而，这份对真相的执着也恰恰是考古学的魅力所在。正如著名考古学家张忠培先生所讲的那样，"一代一代的人朝着历史的真实走去，可是，这一代一代的人只能接近历史的真实，却永远摸不着它，更不能全面地认识这历史的真实。可见她如此戏弄人，又这样让人迷恋！这却使得历史学以及其中的考古学，青春常在，永不衰老！"

（魏镇）

# 中国历史年代简表

| | |
|---|---|
| 旧石器时代 | 约 170 万年前—1 万年前 |
| 新石器时代 | 约 1 万年前—4000 年前 |
| 夏 | 公元前 2070 年—公元前 1600 年 |
| 商 | 公元前 1600 年—公元前 1046 年 |
| 西周 | 公元前 1046 年—公元前 771 年 |
| 春秋 | 公元前 770 年—公元前 476 年 |
| 战国 | 公元前 475 年—公元前 221 年 |
| 秦 | 公元前 221 年—公元前 206 年 |
| 西汉 | 公元前 206 年—公元 25 年 |
| 东汉 | 公元 25 年—公元 220 年 |
| 三国 | 公元 220 年—公元 280 年 |
| 西晋 | 公元 265 年—公元 317 年 |
| 东晋 | 公元 317 年—公元 420 年 |
| 南北朝 | 公元 420 年—公元 589 年 |
| 隋 | 公元 581 年—公元 618 年 |
| 唐 | 公元 618 年—公元 907 年 |
| 五代 | 公元 907 年—公元 960 年 |
| 北宋 | 公元 960 年—公元 1127 年 |
| 南宋 | 公元 1127 年—公元 1279 年 |
| 元 | 公元 1206 年—公元 1368 年 |
| 明 | 公元 1368 年—公元 1644 年 |
| 清 | 公元 1616 年—公元 1911 年 |
| 中华民国 | 公元 1912 年—公元 1949 年 |
| 中华人民共和国 | 公元 1949 年成立 |

# 跨越时空的对话

　　《如果国宝会说话》是一档很受欢迎的文博类纪录片。如今，以此为基础的同名图书也即将由五洲传播出版社精心制作推出。让优秀传统文化与当代文化相适应、与现代社会相协调，我觉得这是一件很有意义的事，愿意在此多说几句。

　　文化是一个民族的灵魂。中华民族有着强大的文化创造力，中华文明延续几千年的历史和文明，就生动地体现在这些饱经沧桑的国宝文物之中。它们是我们宝贵的遗产，历久而弥新，帮助我们认识过去、现在和未来，帮助我们坚守中华文化立场、传承中华文化基因，展现中华审美风范，培育起我们共同的情感和价值、共同的理想和精神。

　　习近平总书记指出，要"让收藏在禁宫里的文物、陈列在广阔大地上的遗产、书写在古籍里的文字都活起来"，"把跨越时空、超越国度、富有永恒魅力、具有当代价值的文化精神弘扬起来，把继承传统优秀文化又弘扬时代精神、立足本国又面向世界的当代中国文化创新成果传播出去"。怎样让我们传统文化中的宝藏及蕴藏其中的文化精神"活起来""弘扬起来""传播出去"？《如果国宝会说话》作出了有益的探索。

　　《如果国宝会说话》共精选 100 件国宝文物，每一件都有故事，每一件都是传奇。这本书用文物讲文物，用文物梳理文明，通过国宝文物曲折的经历、跌宕起伏的故事、丰富的图片、有趣的知识讲解，讲述了中华文化独特的创造力、发展脉络和价值理念，非常有意义，也非常有意思。

　　现在，国际社会对中国的关注度越来越高，他们想了解中国，想知道中国人的观念、看法、情感和审美趣味，想知道中国的历史传承、风俗习惯、民族特性等等。我相信，我们的文物、我们这本图文并茂的图书，正好能给外国朋友了解中国提供一个独特的文化、文博视角。当他们在博物馆里看到同样的国宝文物，可能就会在审美过程中感受到中华文化的独特魅力，加深对中华文化的认识和理解。如果这样，善莫大焉。

单霁翔

故宫博物院原院长

# 《如果国宝会说话》主创人员

| | |
|---|---|
| 总 监 制 | 顾玉才　张　宁 |
| 监　　制 | 梁　红　陆　琼 |
| 总制片人 | 史　岩　陈培军 |
| 制 片 人 | 徐　欢　范伊然 |

| | |
|---|---|
| 总 导 演 | 徐　欢 |
| 执行总导演 | 张越佳 |
| 分集导演 | 汪　哲　祝　捷　王　惠　訾　瀚　冯　雷　王冲霄<br>潘　懿　寇慧文　叶　君　丁曼文　孙戈霆　赵文忠<br>崔　宇　曹　林　陈　怡　金明哲　王艺历　喻　江<br>车　钰 |

| | |
|---|---|
| 策　　划 | 和耀红　刘　华　李　晨　曹　林　杨兆凯　潘　懿 |
| 学术顾问 | 郑　岩　王子今　潘守永　谢小凡　胡　江　郭长虹<br>许　宏　冯　时　唐际根　雷兴山　吉琨璋 |

| | |
|---|---|
| 文博专家 | 杨兆凯　李　晨　王　超　王佳月　刘远富　王　伟<br>莫　阳　左　骏　曾　辉　王　磊　张　弛　陈韶瑜<br>吴月华 |
| 文学统筹 | 喻　江 |

| | |
|---|---|
| 总 摄 影 | 杨明阳 |
| 摄　　影 | 刘　畅　孙明进　郑　鑫　高伟峰　金延哲 |
| 剪　　辑 | 杨　玲　闫　伸　王　剑 |

**视 效 导 演** │ 汪 隆　徐冬艳

**视效设计及制作** │ 喆和子安视觉工作室

**三 维 技 术 支 持** │ 新维畅想数字科技（北京）有限公司

**海 报 设 计** │ 北京竹也文化传播有限公司

**音 频 制 作** │ 北京沐肆洲文化发展有限公司

**音 频 监 制** │ 王 同　高宝喜

**解　　　说** │ 杨 晨

**音 乐 总 监** │ 陈其钢

**音 乐 制 作** │ 侯 湃　许 扬

**后 期 包 装** │ 魁天（北京）文化传媒有限公司

**后 期 制 作** │ 孙 逊　韩小苇

**文 字 校 对** │ 陈 婧

**节 目 统 筹** │ 曾庆超　崔 宇　寇慧文

**制　　　片** │ 赵 茜　王 瑞　陈韶瑜　冯 竞

**制 片 主 任** │ 杨 波

**项 目 管 理** │ 梁 栋　王华伟　钱春峰

**播 出 管 理** │ 刘 茜　兰孝兵　陈妍妍　聂 茸　霍志坚　欧阳秉辉
　　　　　　　符 甄

宣 传 管 理 ｜ 李艳峰

宣 传 推 介 ｜ 王春丽　　王彩臻　　寇慧文　　杜袁腾　　张晨明

新媒体推广 ｜ 马梦莹　　汪晓琳　　段　莹

新媒体传播 ｜ 黄　娜　　宋继先　　张庆龙　　谢沛然

宣 传 包 装 ｜ 周　俊　　张　鹤　　郭仁和　　邢克韩　　吴　悦

责 任 编 辑 ｜ 唐　野　　李振宇　　袁　峰　　郝蕾蕾

运 营 管 理 ｜ 殷　骏　　郭　宁　　袁　芬　　张雨辰　　耿　岩
　　　　　　　宋鹏洋　　苏靖元　　宋　涛　　张　涵　　李芃芃
　　　　　　　田传海


项 目 监 制 ｜ 李向东　　张津林

节 目 监 制 ｜ 汪飞舟　　冯雪松　　史　岩　　石世仑

项 目 承 制 ｜ 央视纪录国际传媒有限公司


宣 传 运 营 ｜ 上海珍星网络科技有限公司
　　　　　　　央视创造传媒有限公司


协 助 拍 摄 ｜ 中国文物报社
　　　　　　　中国文物交流中心


**中央广播电视总台**

**国家文物局**

**联合摄制**

## 图书在版编目（CIP）数据

如果国宝会说话. 第二季 /《如果国宝会说话》节目组著.
－－ 北京：五洲传播出版社，2019.8（2023.5重印）
ISBN 978-7-5085-4274-4

Ⅰ.①如… Ⅱ.①如… Ⅲ.①历史文物－中国－通俗读物 Ⅳ.①K87-49

中国版本图书馆CIP数据核字(2019)第154871号

## 如果国宝会说话 第二季

著　　者：《如果国宝会说话》节目组 编著

出 版 人：荆孝敏

知识链接：智朴 等

责任编辑：樊程旭

设计总监：闫志杰

装帧设计：王春晓 玄元武

设计制作：北京正视文化艺术有限责任公司

出版发行：五洲传播出版社

地　　址：北京市海淀区北三环中路31号生产力大楼B座6层

邮　　编：100088

发行电话：010-82005927，010-82007837

网　　址：http://www.cicc.org.cn，http://www.thatsbooks.com

印　　刷：河北京平诚乾印刷有限公司

版　　次：2019年8月第1版，2023年5月第8次印刷

开　　本：787x1092　1/16

印　　张：18

字　　数：200千

定　　价：58.00元